増補
新版

フランソワ・トリュフォーの映画誌

山田宏一

平凡社

目次

『トリュフォーの思春期』
撮影中のフランソワ・トリュフォー

作品というものはない。ただ、作家がいるだけだ。

ジャン・ジロドゥ

序章

残されし映画には
——作家主義とは何か

フランソワ・トリュフォーは、1932年、パリ生まれ。「作家主義」を標榜・提唱する映画批評家から「ヌーヴェル・ヴァーグ」の映画作家となり、自主製作の習作や共同作品も含めて4本の短篇と21本の長篇を撮る。

1954年『ある訪問』(短篇習作)
1957年『あこがれ』(短篇)
1958年『水の話』(短篇、ジャン＝リュック・ゴダールと共同)
1959年『大人は判ってくれない』
1960年『ピアニストを撃て』
1961年『突然炎のごとく』
1962年『二十歳の恋』(オムニバス映画の第1話「フランス篇」、のち『アントワーヌとコレット』として再編集)
1964年『柔らかい肌』
1966年『華氏451』＊
1967年『黒衣の花嫁』＊
1968年『夜霧の恋人たち』＊
1969年『暗くなるまでこの恋を』＊

1969年『野性の少年』◎
1970年『家庭』＊
1971年『恋のエチュード』＊
1972年『私のように美しい娘』＊
1973年『アメリカの夜』＊◎
1975年『アデルの恋の物語』＊
1976年『トリュフォーの思春期』＊
1977年『恋愛日記』＊
1978年『緑色の部屋』＊◎
1979年『逃げ去る恋』＊
1980年『終電車』＊
1981年『隣の女』＊
1983年『日曜日が待ち遠しい！』

＊印はカラー作品。◎印は自ら俳優として出演した作品（台詞なしの特別出演は除く）。ほかにもクロード・ド・ジヴレー監督作品『のらくら兵'62』（1961年）、スティーヴン・スピルバーグ監督作品『未知との遭遇』

（1977年）などに出演。

1984年、パリで死去。享年52歳。

というのが、生誕90周年「フランソワ・トリュフォーの冒険」というレトロスペクティブ（回顧上映）のパンフレットによる略歴と作品で、『あこがれ』から『終電車』まで十二作品が上映されます。フランスでは「フランソワ・トリュフォーのパリ」という本も出版され、コロナ禍にもめげず「トリュフォーのパリ」観光ツアーなども催されているとのことです。

一九八四年にがんのため五十二歳で亡くなってから三十八年――「ドワネルもの」として知られる自伝的シリーズの一本、『夜霧の恋人たち』（フランス語の原題は『盗まれた接吻《くちづけ》（Baisers Volés）』、一九六八）の主題歌に使われていたシャルル・トレネのシャンソン「残されし恋には」の一節が想起されます。

〽私たちの恋の何が残ったのだろう？
あの美しい日々の何が残ったのだろう？

『夜霧の恋人たち』の冒頭のタイトルバック。
アンリ・ラングロワ事件で閉鎖中のシャイヨ宮の
シネマテーク・フランセーズの入口

一枚の写真、若き日の古びた写真
甘くやさしい愛の手紙の何が残ったのだろう?
四月のランデヴー、追いすがる思い出
色あせた幸福《しあわせ》、風になびく髪
盗まれた接吻《くちづけ》、うつろいやすい夢
そんなすべての何が残ったのだろう?

フランソワ・トリュフォーの人生の何が残ったのだろう? 短篇処女作『あこがれ』を撮った一九五七年から最後の長篇映画『日曜日が待ち遠しい!』を撮った一九八三年に至る二十五年におよぶ映画作家としての活動人生はけっして長くはなかったけれども、二十一本の長篇作品と三本の短篇作品が残されました。古びて色あせた幸福《しあわせ》でなく、いまなお新しくいきいきとした、それだけにどこか不安定な、おさまりの悪い、痛々しいくらいナイーブな映画群です。失敗作も多く、しかも、どれも、じつにわかりやすい失敗作です。

失敗作になってしまったけれども、どうしてもこれはつくりたかったのだという思いがよく伝わってくるのです。思いのままにはならなかったものの、好きなことはとことんやってみたかったということがよくわかる感じなのです。ときにはふざけすぎ、遊びすぎ、やりすぎ、狂いすぎて、過剰なまでに、異常なまでに、こだわり、深入りしすぎることもあって、そこがまたトリュフォーらしいトリュフォーならではの人間らしさ、人となりなのでしょう。映画作家としてのトリュフォーはそれを自ら「狂気」あるいは「妄執」とよんで、たとえば『華氏451』撮影日記ではこんなふうに書いています（『華氏451』はアメリカのSF作家レイ・ブラッドベリの小説を映画化した一九六六年の作品です）。

日記はその日その日に身に起こったり心に思いついたりしたことを語っただけで、わたしたち、すなわちレイ・ブラッドベリとわたしの頭のなかに長いあいだ棲みついていた妄執のようなものについてはほとんど語らなかった。しかるに、映画の画面に出るのは間違いなくわたしたちの妄執のようなもの——ブラッドベリの狂気と、そして、もしわたしの狂気がブラッドベリの狂気とうまくまじり合っていればわたしの狂気もふくめて——なのである。

小説を書いたり映画をつくったりする人間が、正常な人びとに必死になって話しかけようとしている異常な人間だということだけはたしかだ。わたしたちの狂気は人びとに受け入れられることもあれば受け入れられないこともある。（「ある映画の物語／第1部『華氏451』撮影日記」、草思社文庫）

『華氏451』は不幸な失敗作になったけれども、いかにもトリュフォーらしい失敗作で、それなりに見ごたえのある映画です。雪の降りしきる静かな狂気（とでも言いたいような）を感じさせる美しいラストシーンはもちろん、どんな本が燃えるかを見るだけでも心ときめくものがあります。ロードショーでは不幸な興行成績だったこともあり、その後めったに上映されることのなかったこの映画が一回だけ特別に参考試写のように映画祭の枠で上映されることになったときに私自身が独自に日本語字幕を担当し、燃える本の題名だけでもすべて字幕に出してわかるように翻訳したことがあります。

かつて、フランソワ・トリュフォーが批評家時代に敬愛する巨匠監督アベル・ガンスの大失敗作『悪の塔』（一九五四）について、「失敗は才能である」と評したことを思いだします。

アベル・ガンスという映画作家が天才であることは誰もが認めるところだ。だが、いまや、彼は失敗者に成り下がった。

問題は天才が失敗者でもあり得るのだろうかということである。わたしは、むしろ、天才であるがゆえに失敗するのだと確信する。

実際、映画史上のあらゆる偉大な作品は失敗作である。ジャン・ヴィゴの『新学期・操行ゼロ』（一九三三）、『アタラント号』（一九三四）、F・W・ムルナウの『ファウスト』（一九二六）、『サンライズ』（一九二七）、D・W・グリフィスの『イントレランス』（一九一六）、『スージーの真心』（一九一九）、『世界の英雄』（一九三〇）、ジャン・ルノワールの『牝犬』（一九三一）、『ゲームの規則』（一九三九）、『黄金の馬車』（一九五二）、フリッツ・ラングの『メトロポリス』（一九二六）、『リリオム』（一九三三）、エーリッヒ・フォン・シュトロハイムの『ケリー女王』（一九二八）、アルフレッド・ヒッチコックの『私は告白する』（一九五二）、ロベルト・ロッセリーニの『ストロンボリ　神の土地』（一九四九）、そしてアベル・ガンスの『楽聖ベートーヴェン』（一九三六）、『盲目のヴィーナス』（一九四一）……と、まったく思いつ

> くままに乱雑に並べ立ててみたけれども、このほかにも同じように偉大な失敗作はたくさんある。（「映画の夢・夢の批評」、たざわ書房）

若き日の批評家トリュフォーの標榜する「作家主義」の最たるえこひいきぶりです。文は人なりとすれば、映画もまた人なりということなのでしょう。

そんな「作家主義」的えこひいきを意図的に模倣、追随して、映画人間フランソワ・トリュフォーの人となり、映画となりをいろいろなシーンを分析（というほど大げさな作業ではないにしても）、できるだけわかりやすく、たのしく解明していきたいと思います。

第1章　エッフェル塔

フランソワ・トリュフォーの映画といえば、何よりもまず、エッフェル塔です。エッフェル塔はパリの映画少年トリュフォーの原点と言ってもいいくらいです。

映画を見るためにパリ中の映画館から映画館を駆けめぐった十代のトリュフォーは貧しく——ときには、いや、しょっちゅう、自伝的な長篇映画第一作『大人は判ってくれない』(一九五九)から子供たちの時間をスケッチふうに描いた『トリュフォーの思春期』(一九七六)に至るまでしばしば描かれたように、タダ見をするほどですから——タダ見をできないときは入場券を買うだけでも精一杯だったので、遠くの映画館からでも地下鉄には乗ることもできずに歩いて帰ったそうです。エッフェル塔の近くに住んでいたので、エッフェル塔をめざして歩いて行けばいいと思ったけれども、トリュフォーが少年時代に住んでいたのはパリ九区で、じつはエッフェル塔の近くといっても八区にも十六区にも四方八方に「近く」があり、パリの街路はあちこちに広場を中心に放射線状につくられているので、エッフェル塔をめざして一つの道を進んでいってもそのまますぐにエッフェル塔にたどり着くことはできず、いつのまにか別の道に迷いこんだり袋小路につきあたったりする。エッフェル塔が見えるけれども、進むにつれて大きくなったり小さくなったりする。近づいたかと思うと遠ざかるという不思議な印象をトリュフォーは少年時代から持ちつづけ、その印象が『大人は判ってくれない』の冒頭、エッフェル塔の周囲をめぐる移動撮影とともにエッフェル塔が見えつ隠れつするタイトルバックに表現されています。『大人は判ってくれない』の前に、トリュフォーは、地方からパリに出てきた若い農夫がエッフェル塔をめざして歩きつづけるけれどもついにたどり着けなかったという短篇映画の脚本を書いて、ジャン＝クロード・ブリアリ主演で映画化しようとしたこともあるそうです。そんな映画的な思い出から、やがて、トリュフォーはエッフェル塔が見える場所に自分の存在を認識できるようになり、逆にエッフェル塔が見えないと安心できず、どこに引っ越ししてもかならず窓からエッフェル塔が見える部屋に住むようになった。エッフェル塔が見えるので自分の居場所が確認できるし、「わたしにとってパリはエッフェル塔なのです」と語っているほどです。映画のなかにもほとんど妄執のように、そしてたぶん縁起もかついで、ときにはギャグのように、エッフェル塔が出てきます。自伝的シリーズ、ジャン＝ピエール・レオー主演の「アントワーヌ・ドワネルもの」では、まさにエッフェル塔のある風景が生活の舞台になっています。エッフェル塔

『夜霧の恋人たち』撮影中のフランソワ・トリュフォー。キャメラ手前にキャメラマンのドニ・クレルヴァル ©MK2/DR

『夜霧の恋人たち』　クレジットタイトル
に「演出　フランソワ・トリュフォー」、
タイトルバックにエッフェル塔

が見えない場合は、『逃げ去る恋』(一九七九)のはじまりのサビーヌ(ドロテ)というアントワーヌ・ドワネルの新しい――最後の――恋人のアパルトマンの寝室の壁にエッフェル塔の設計図みたいなデッサンが大きく貼ってあったり、机の上には時計入りのエッフェル塔の模型が置いてあったりする。

パリはパリでもナチ占領時代の暗い夜のシーンばかりの『終電車』(一九八〇)では、劇場のなかのカトリーヌ・ドヌーヴのオフィスの棚にエッフェル塔の模型が調度品のように置いてあります。パリではない、南仏の町を舞台にした、遺作になった『日曜日が待ち遠しい!』(一九八三)でも、ジャン=ルイ・トランティニャンに襲いかかる男(ジャン=ピエール・カルフォン)をファニー・アルダンがエッフェル塔の置物で殴り倒すシーンがあります。最後の最後までエッフェル塔にこだわりつづけました。

映画のシーンをつづけて見ると、まず、『大人は判ってくれない』のはじまりのエッフェル塔が見え隠れするタイトルバック、次に『夜霧の恋人たち』(一九六八)の冒頭、シャルル・トレネのシャンソン「残されし恋には」が流れ、シネマテーク・フランセーズのホールのあったシャイヨ宮から見えるエッフェル塔、それから『逃げ去る恋』のアントワーヌ・ドワネ

上／『終電車』　ジェラール・ドパルデューとカトリーヌ・ドヌーヴ
下／『逃げ去る恋』　ドロテとジャン=ピエール・レオー

ルの恋人サビーヌの寝室のエッフェル塔の図（さらに、エッフェル塔の置物にはめこまれた時計をサビーヌが職人はだしで自ら修理するシーンもあります）、そして『終電車』、『日曜日が待ち遠しい！』のエッフェル塔の置物……とエッフェル塔のオンパレードです。

第2章　813という数字

813という数字にもトリュフォーのこだわりが感じられます。トリュフォーの映画にしょっちゅう、ほとんどフェティッシュなギャグのように出てくる数字なので、これを口実にトリュフォーの映画のいくつかのシーンを見るのもたのしいかなと思って、あえて小さな項目を立ててみました。「813」はトリュフォーが愛読したモーリス・ルブランの探偵小説「アルセーヌ・ルパン（フランスふうの発音ではリュパンですが）」シリーズの一冊の題名です。

『柔らかい肌』（一九六四）では、スチュワーデス役のフランソワーズ・ドルレアックがリスボンで泊まるホテルの部屋の番号が813、『華氏451』（一九六六）では二役のジュリー・クリスティの一方、ショートカットのクラリスが住んでいる家の番地が813です。『暗くなるまでこの恋を』（一九六九）ではジャン＝ポール・ベルモンドの運転する車に乗ったカトリーヌ・ドヌーヴがハイウェイの標識を見て、「パリまで813キロね！」と言います。『私のように美しい娘』（一九七二）でもフィリップ・レオタールの運転する車に乗ったベルナデット・ラフォンが「パリへ、パリへ、パリへ！」と叫ぶと、「パリまで813キロ」と記された標識が見えます。『終電車』（一九八〇）ではナチ占領下のパリの劇場の地下にカト

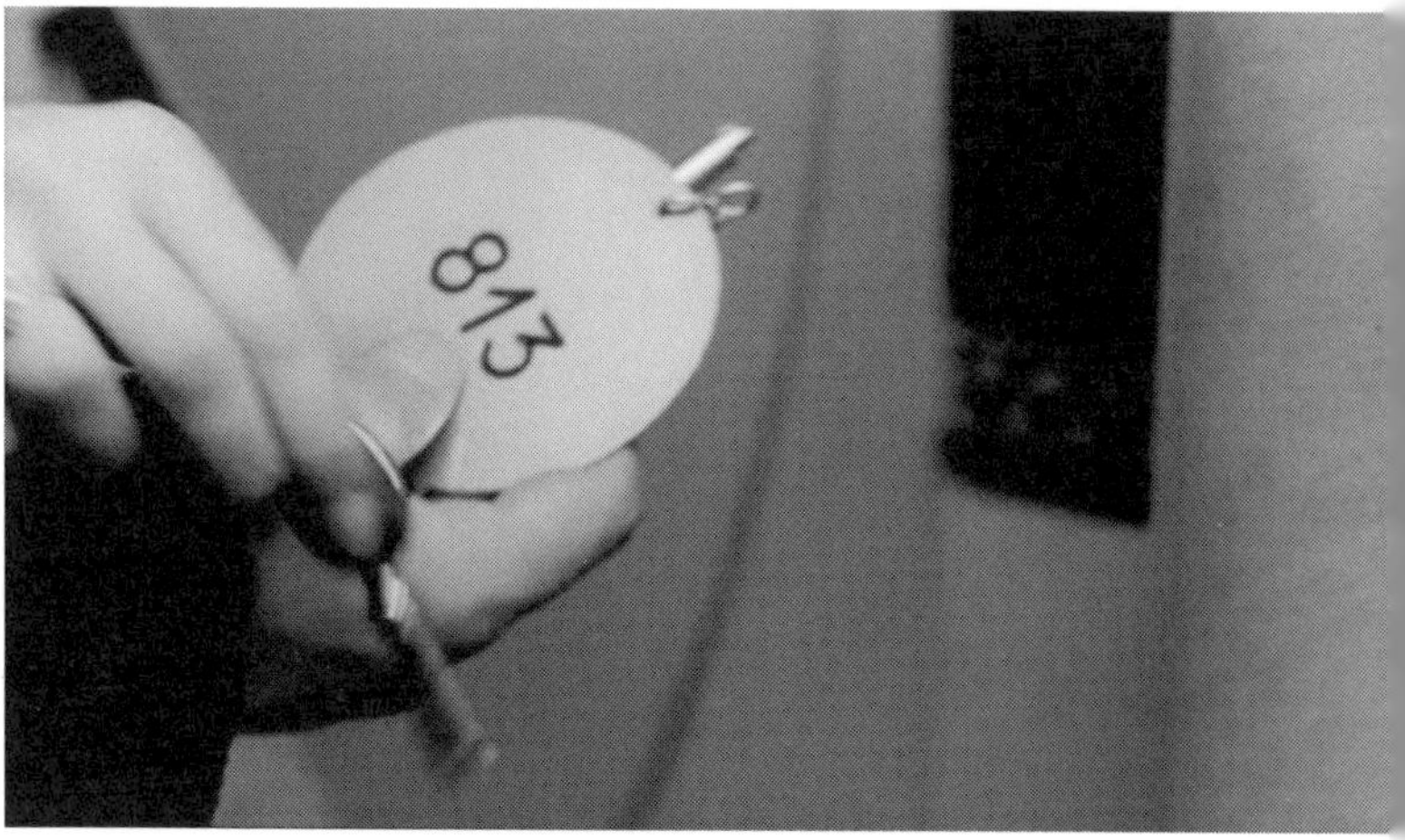

『柔らかい肌』

『私のように美しい娘』

リーヌ・ドヌーヴがかくまっていたユダヤ人の夫（ハインツ・ベンネント）が、やっとパリ解放の日に地上に出てくると「813日におよぶ地下生活をへて……」というナレーションが入ります。怪奇劇場（グラン・ギニョル）から俳優として迎えられたジェラール・ドパルデューの盗まれた自転車のナンバーにも813という数字が入っていたと思います。『日曜日が待ち遠しい！』（一九八三）でもヒロインのファニー・アルダンがニースのホテルの813号室に泊まります。813はトリュフォーのこだわりの数字だったことがよくわかります。幸運の数字だったのかもしれません。もっとも、生涯に一度だけ、馬券を買ったときも（映画一本分の製作費を稼ぐつもりで）、馬番8と1と3をからませた連勝複式に賭けたところ、結果は見事にすってしまったとのことですが！

怪盗紳士アルセーヌ・ルパンの洒落た痛快な冒険を描いたモーリス・ルブランの「アルセーヌ・ルパン」シリーズだけでなく、トリュフォーは犯罪小説やミステリー小説など大衆的な通俗小説が大好きでした。外国文学では日本の谷崎潤一郎とデンマークの女流作家カーレン・ブリクセン（アイザック・ディーネセン）以外はあまり読んでいないとトリュフォーは文芸誌「リール（読書）」のインタビューに答えていますが、犯罪小説やミステリー小説の場合は、子供のころ、「母の書棚からこっそり抜いてきて読んだ」コーネル・ウールリッチ（ウイリアム・アイリッシュ）の「黒衣の花嫁」に戦慄とともに魅せられて以来、アメリカやイギリスの作家のものをむしろ好んで読んでいたようです。私がインタビューをしたときも、かならずしも映画化したいということではないけれども、と言って、とくに好きな作家としてパトリシア・ハイスミスやチャールズ・ウイリアムズやジム・トンプスンの名前を挙げていました。パトリシア・ハイスミスはヒッチコックの『見知らぬ乗客』（一九五一）の原作者です。ジム・トンプスンはスタンリー・キューブリック監督の『現金に体を張れ』（一九五六）や『突撃』（一九五七）の脚本家で（『日曜日が待ち遠しい！』のなかでエデン座という映画館で上映中の映画が『突撃』です）、サム・ペキンパー監督の『ゲッタウェイ』（一九七二）などの原作者です。チャールズ・ウイリアムズの小説は、トリュフォー自身も映画化することになりました。遺作になった『日曜日が待ち遠しい！』の原作がチャールズ・ウイリアムズの「土曜を逃げろ」です。

トリュフォーは、『ピアニストを撃て』（一九六〇）ではデイヴィッド・グーディス、『黒衣の花嫁』（一九六七）と『暗くなるまでこの恋を』ではコーネル・ウールリッチ／ウイリアム・アイリッシュ、『私のように美しい娘』（一九七二）ではヘンリー・ファレル、『日曜日が待ち遠しい！』ではチャールズ・ウイリアムズ、とアメリカの犯罪小説の映画化を試みています。『華氏451』はSFですが、アメリカのレイ・ブラッドベリの小説の映画化です。『ピアニストを撃て』をのぞけばかならずしも成功作とは言えません。試みに終わっただけの作品のほうが多いように思われます。

ヒッチコックのサスペンス映画とともに、ハワード・ホークス監督のハードボイルド映画をトリュフォーは愛好し、なかでも『三つ数えろ』（一九四六）はホークスの映画のなかでも最もすばらしく、アメリカの犯罪ミステリー映画のなかでも、ヒッチコックの『裏窓』（一九五四）とならんで最も好きな作品だと語っています。「映画のフォルム（表現形式）の奇跡」としか言いようがないすばらしさで、「これほど完璧なスタイル（文体）を持った映画もめずらしい」と『三つ数えろ』を絶讃しています。『三つ数えろ』はレイモンド・チャンドラーの「大いなる眠り」の映画化、『裏窓』の原作はコーネル・ウールリッチの同名の短篇小説です。

フランスには「暗黒叢書《セリ・ノワール》」というミステリー小説の集成シリーズがあって、トリュフォーは、血なまぐさい犯罪やスキャンダラスな情痴事件などあくどい三面記事ばかりを特集した「デテクティヴ（探偵）」という週刊紙とともに、愛読していた。そんなところから『柔らかい肌』のようなヒッチコック・タッチを思わせるサスペンスあふれる姦通をテーマにした繊細な傑作が生まれた秘密をたずねると（実際、この姦通のドラマを描いた『柔らかい肌』は、トリュフォーのどのアメリカの犯罪小説の映画化よりも見事な、なまなましくリアルな犯罪映画ではないかと思われます）、ちょっと照れながらも、こんなふうに語ってくれたことを思いだします。

わたしが、アメリカの犯罪ミステリー小説をいくつか映画化したのは、かならずしもヒッチコックやハワード・ホークスのスリラー映画のファンとして影響をうけたからというわけではありません。わたしは、自分の個人的な感情生活を直接映画化する場合は、フランスの小説よりもアメリカの小説を映画化するほうを好みます。とくに人間の死を描くには自分の生活のなかの感情だけではむずかしく、アメリカの犯罪小説からシチュエーションを借りることが多いのです。（「シネ・ブラボー3　わがトリュフォー」、ケイブンシャ文庫）

トリュフォーやゴダールやシャブロルなど、ヌーヴェル・ヴァーグの好みは、フランス的なものよりもアメリカン・スタイルに偏向していたことは周知のとおりです。アメリカのB級映画や通俗小説への傾斜、偏愛です。しかし、もちろん、原作がアメリカの犯罪小説だからといって、かならずしもアメリカン・スタイルを模倣しているわけではなく、かといって単純に舞台をアメリカからフランスに移し変えるというだけの脚色でもなく、いわば「ジャン・コクトー的な」お伽噺のような映画をつくろうとしたのだと、つづけてトリュフォーは語っています。

犯罪小説やハードボイルド小説は、つきつめれば、架空の世界の物語、お伽《とぎ》の国の物語なのであり、だからこそ、ジャン・コクトーの『美女と野獣』（一九四五）が、今日なお、ウイリアム・アイリッシュやデイヴィッド・グーディスの世界に匹敵する唯一最高のフランス映画なのです。

『ピアニストを撃て』は、その意味では、暗黒叢書《セリ・ノワール》のヌーヴェル・ヴァーグ的映画化の最も成功した例とすらみなしてもいいと思われます。雪に包まれた山小屋の風景など、それだけでお伽の国のようです。『ピアニストを撃て』の山小屋はのちに『暗くなるまでこの恋を』でも使われています。

トリュフォーはアメリカの犯罪ミステリー小説をこよなく愛していましたが、フランスのその手のものについてはほとんど興味を持っていなかった。モーリス・ルブランの「アルセーヌ・ルパンもの」は例外と言ってもいいと思います。例外的なほどの愛読書だったのかもしれません。たとえば、批評家時代に書いたヒッチコックの『泥棒成金』（一九五五）についての評のなかでも、ケーリー・グラントの「引退した泥棒」の再登場ぶりをアルセーヌ・ルパンにたとえて「じつにエレガントでユーモラスでセンチメンタルで」、映画もまるで「アルセーヌ・ルパンもの」の「８１３」とか「奇巌城」のように「ほろにがく、しんらつだ」（『わが人生の映画たち』）というように形容し、批評しています。

モーリス・ルブランの小説は大好きで、「アルセーヌ・ルパンもの」も、どこをどう映画にすればいいかを考えながら何度も読み返していたとのことです。そんなこともあって、敬愛するジャック・ベッケル監督が『怪盗ルパン』（一九五七）を撮ったときも、ついきびしく見てしまい、酷評を書いてしまったと批評家時代の思い出を語っていたことがあります。

第3章　足フェチ　女性へのあこがれ

女性へのあこがれは、乳房でもなく、お尻でもありません。足（というより、脚）です。女性の美しい脚に少年時代から生涯をかけてトリュフォーは一途な想いを抱きつづけました。

短篇処女作『あこがれ』（一九五七）は、パリではなく、南フランスのニームという小さな町を、ひるがえるスカートとともにさわやかに風を切って自転車を乗りまわす（自転車は大都会のパリには似つかわしくないのかもしれません）十八歳のベルナデット・ラフォンの美しさが画面いっぱいにかがやく映画です。むきだしになった彼女の脚の美しさに目をひかれ、夢中になったぼくら――と回想のナレーションの語り手になる――五人の男の子が彼女をひやかしたり、彼女の行くところ、どこにでもしつこく、ひそかに、ときにはあられもなく、追いかけ、彼女の乗り捨てた自転車に近づき、彼女が腰かけていたサドルにその残り香を嗅ぐ。

『突然炎のごとく――ジュールとジム』（一九六一）のジャンヌ・モローがそよ風に吹かれて自転車を乗りまわすところも、生きる歓びがさわやかにひるがえるシーンですが、やはりパリではなく、郊外の、あるいは山村の、自然に囲まれた間道です。『恋のエチュード』（一九七一）の姉妹（キカ・マーカムとステイシー・テンデター）が自転車に乗って走る、あるいは自転車を

『あこがれ』　ベルナデット・ラフォン

押しながら歩くシーンも、自然のなかの、海岸に沿った道です。この映画では姉妹と恋をするジャン゠ピエール・レオーが自転車に乗るシーンがとても印象的で、忘れられない。いつものジャン゠ピエール・レオー、「ドワネルもの」の突然走りだしたりしてばかりいる落ち着きのないジャン゠ピエール・レオーとは一味違う（どころか、まるで正反対の）静かに情念を抑えた知的な青年を演じています。

「ドワネルもの」の最後の作品、『逃げ去る恋』（一九七九）には、恋人のサビーヌ（ドロテ）がアントワーヌ・ドワネルにポール・レオトーの日記の全集をプレゼントするところがあります。トリュフォーが、アントワーヌ・ドワネルを主人公にした自伝的シリーズ、いわゆる「ドワネルもの」を撮りながら、ずっと映画化を考えつづけていたのが、ポール・レオトーの自伝小説「情人（ル・プティ・タミ）」だったそうです。ポール・レオトーは母親に恋をしていたのだ、と『逃げ去る恋』のアントワーヌ・ドワネルは言います。トリュフォーは結局、ポール・レオトーの小説の映画化を果たせずに亡くなりましたが、その想いは、『大人は判ってくれない』（一九五九）や『恋愛日記』（一九七七）の母親の美しい、というか、悩ましいというか、ほとんど淫らな脚の描写などに反映しています。「女の脚は、あらゆる方向に一歩一歩バランスと調和をとりながら地球を測るコンパスである」と『恋愛日記』の主人公は日記に書きます。

『恋愛日記』はとくに足フェチの名作になりました。足あるいは脚への偏愛、フェティシズムです。主人公（シャルル・デネル）はスカートをはいた若い女性の脚を見て、狂ったように彼女を追いかけ、やっとつかまえたと思ったら、スラックスをはいた女性が現われてがっかりするのです。肝心の脚が見えないからです。

『柔らかい肌』（一九六四）では、フランソワーズ・ドルレアックがジーパンをはいているのをチラッと見たジャン・ドサイの顔に軽く失望の表情がよぎるのですが、それを目ざとく読んだフランソワーズ・ドルレアックが、ガソリンスタンドで車に給油しているあいだに、さっと車から出てスカートに着がえをしてくるところがあります。

『柔らかい肌』では、また、飛行機のなかで、スチュワーデスのフランソワーズ・ドルレアックがカーテンの向こうで靴をぬいでハイヒールに履きかえる足にジャン・ドサイが目をひかれたり、また、ベッドに横たわる美しいフランソワーズ・ドルレアックの脚をゆっくりと愛撫するシーンがあります。ハイヒールを足から抜き取って、足首から太腿までやさしく撫

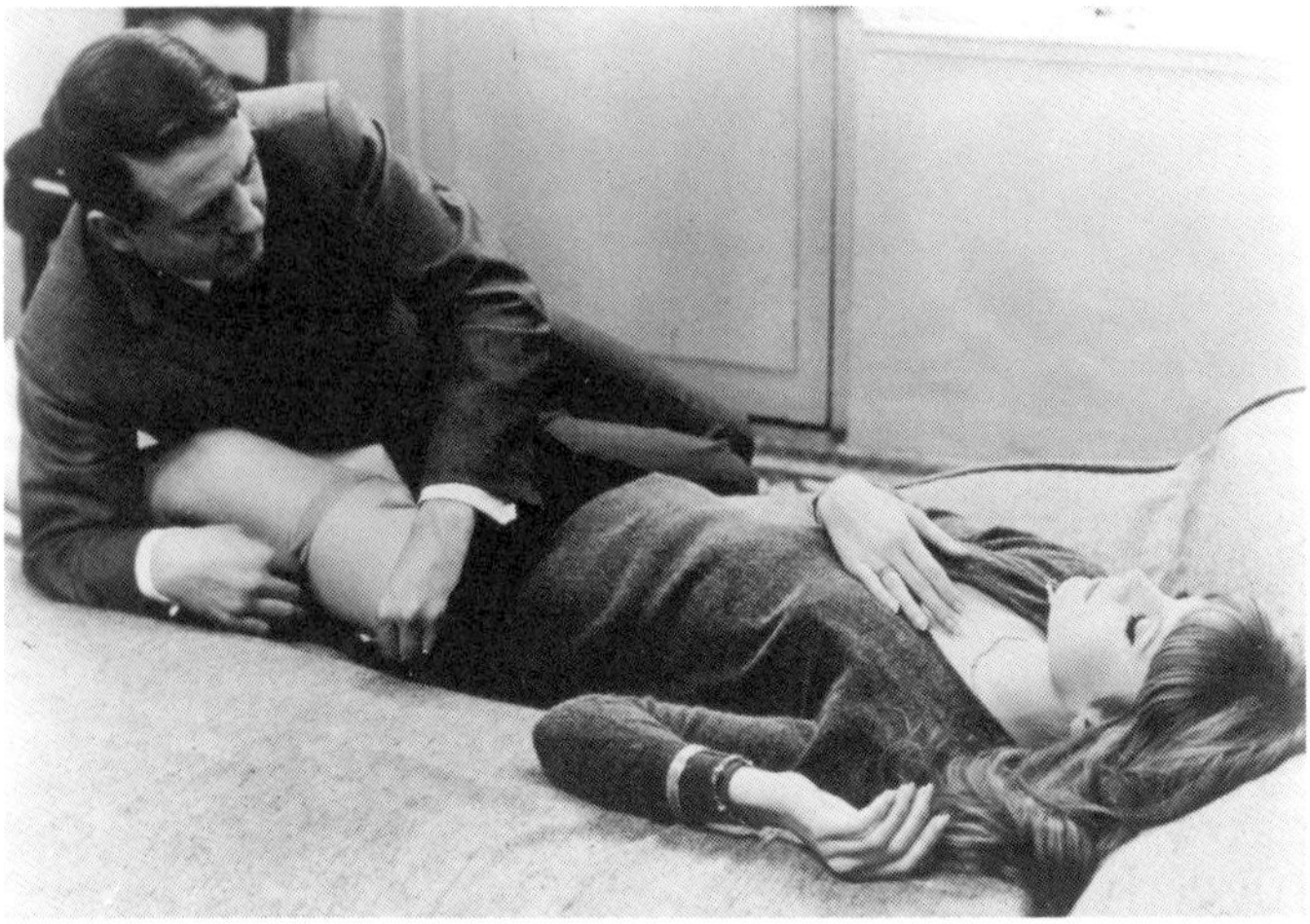

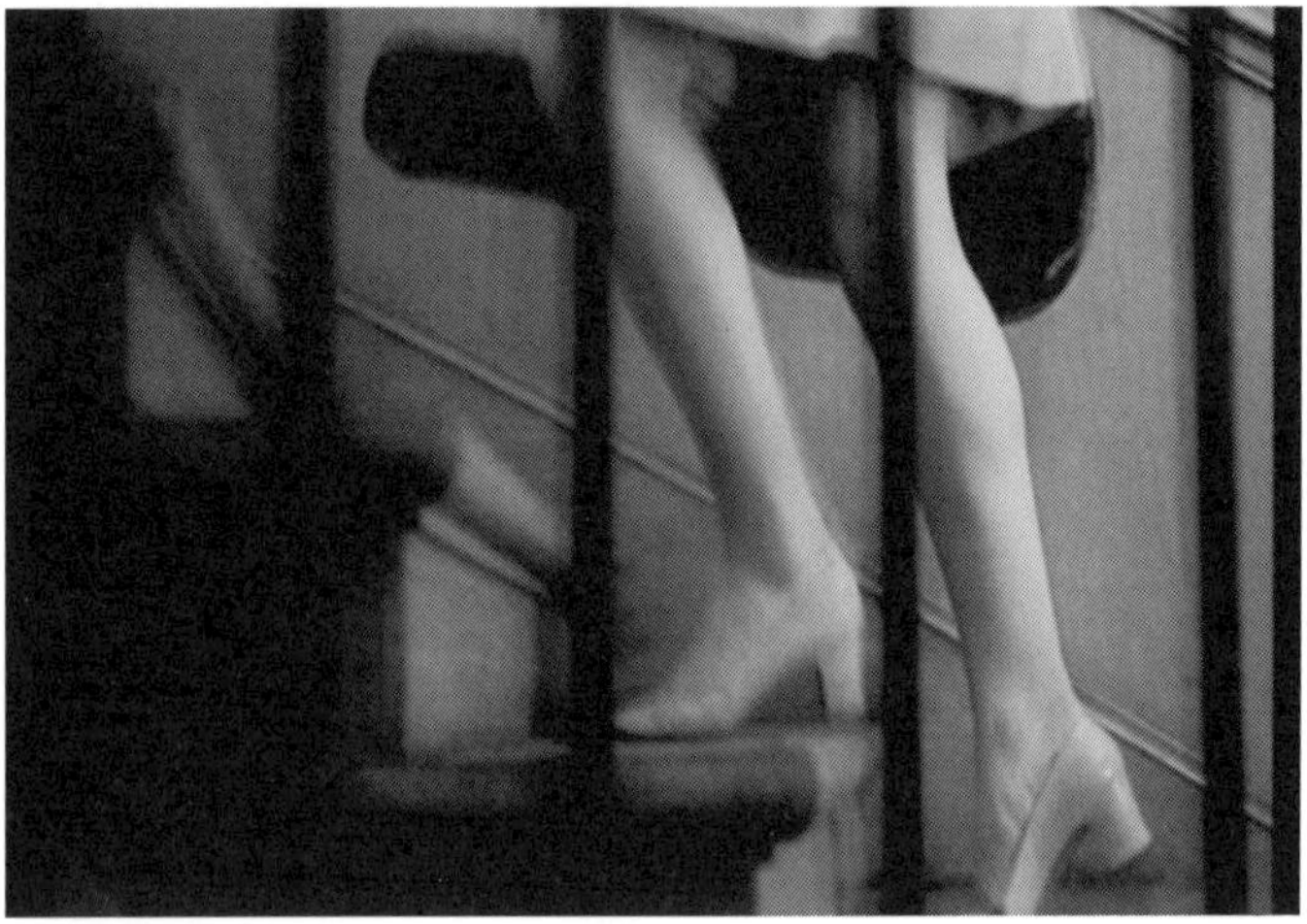

上／『柔らかい肌』 ジャン・ドサイとフランソワーズ・ドルレアック ©MK2/DR
下／『家庭』 クロード・ジャド ©MK2/DR

でながら手をすべらせ、靴下留めをはずし、ストッキングをぬがせながら、また愛撫しつつ、足もとまでやさしく手をすべらせます。『暗くなるまでこの恋を』（一九六九）でも、ジャン＝ポール・ベルモンドがベッドに横たわるカトリーヌ・ドヌーヴの脚をまったく同じようにやさしく、というか、淫らに、というか、愛撫するシーンがあります。

　女が階段を上がるときの脚を印象的にとらえたシーンは、トリュフォーの映画にかならず出てくると言ってもいいくらいです。『大人は判ってくれない』では母親のクレール・モーリエが階段をのぼる。その足首を父親のアルベール・レミーが下からふざけながらつかんで、「ママの脚、きれいだろ」と息子のジャン＝ピエール・レオーに言います。『二十歳の恋／アントワーヌとコレット』（一九六二）のアントワーヌ・ドワネル（ジャン＝ピエール・レオー）はコンサート・ホールの席から美しくはみ出たコレット（マリー＝フランス・ピジエ）の美しい脚にまず目をひきつけられる。『夜霧の恋人たち』（一九六八）では、美しい人妻デルフィーヌ・セイリグの脚がアントワーヌ・ドワネルの目をくらませます。『家庭』（一九七〇）では、冒頭から新妻のクリスチーヌ（クロード・ジャド）の歩く脚が画面を右へ左へ行ったり来たり。『ピアニストを撃て』（一九六〇）でも、階段を上がる

『恋愛日記』©MK2/DR

マリー・デュボワの脚がシャルル・アズナヴールの目の前にちらつきます。『終電車』（一九八〇）でも、地下室から階段をのぼっていくカトリーヌ・ドヌーヴの脚を夫のハインツ・ベンネントがしみじみと称賛します。遺作になった『日曜日が待ち遠しい！』（一九八三）でも、ジャン＝ルイ・トランティニャンが地下室から歩道沿いのくもりガラスの小窓をとおして見える女の脚に見惚れているので、ファニー・アルダンがあきれかえり、自分も外に出て、小窓の前をわざと二度も歩いて往復し、自分の脚をひけらかしてみせるところがあります。トリュフォーの遺作シナリオをクロード・ミレール監督が映画化した『小さな泥棒』（一九八九）のポスターはずばりトリュフォーの足フェチへのオマージュになっています。

『あこがれ』から『日曜日が待ち遠しい！』に至るトリュフォー的足フェチのシーンをつづけて見ると、ちょっとあきれるくらいの壮観です。『恋愛日記』の空港の待合室の円形のソファに女たちの美しい脚、脚、脚がならぶトリュフォー的足フェチの狂宴たるや、映画だからこそできる演出とはいえ、なんともたおやかに咲き誇る花々のように圧巻と言うほかありません。

第4章　書物人間と手紙魔

「わが人生の映画たち」と題されたフランソワ・トリュフォーの映画評論集があります。一九七五年にフランスで出版されました。邦訳は蓮實重彥氏との共訳で「映画の夢・夢の批評」「わが人生・わが映画」の二冊として出ましたが（たざわ書房）、じつはあと半分ほど残っていて、全訳が出版できるかどうか（ぐずぐずして翻訳に手間取っているあいだに翻訳権を取得した日本の出版社が倒産してしまったこともあり）、わかりません。トリュフォーも亡くなって（周知のように、一九八四年、がんのため、五十二歳で死去）、生きていれば直接手紙で相談することができたかもしれないのですが……。

「わが人生の映画たち」はトリュフォー自選の映画批評集成ですが、その巻頭に、「かれらは生きていて、かれらはぼくに語りかけた」というヘンリー・ミラーの言葉を引用して掲げています。ヘンリー・ミラーの有名な読書遍歴の本、邦訳は「わが読書」（田中西二郎訳、新潮社）の第一章からの引用ですが、原本の英語の原題は「Books in my life」、フランス語の訳題が「Les livres de ma vie」、直訳すると「わが人生の書物たち」で、トリュフォーはここから自分の映画遍歴を綴った評論集に「Les films de ma vie（わが人生の映画たち）」という題をつけたわけです。「かれらは生きていて、かれらはぼくに語りかけた」という「かれら」とは、もちろん、ヘン

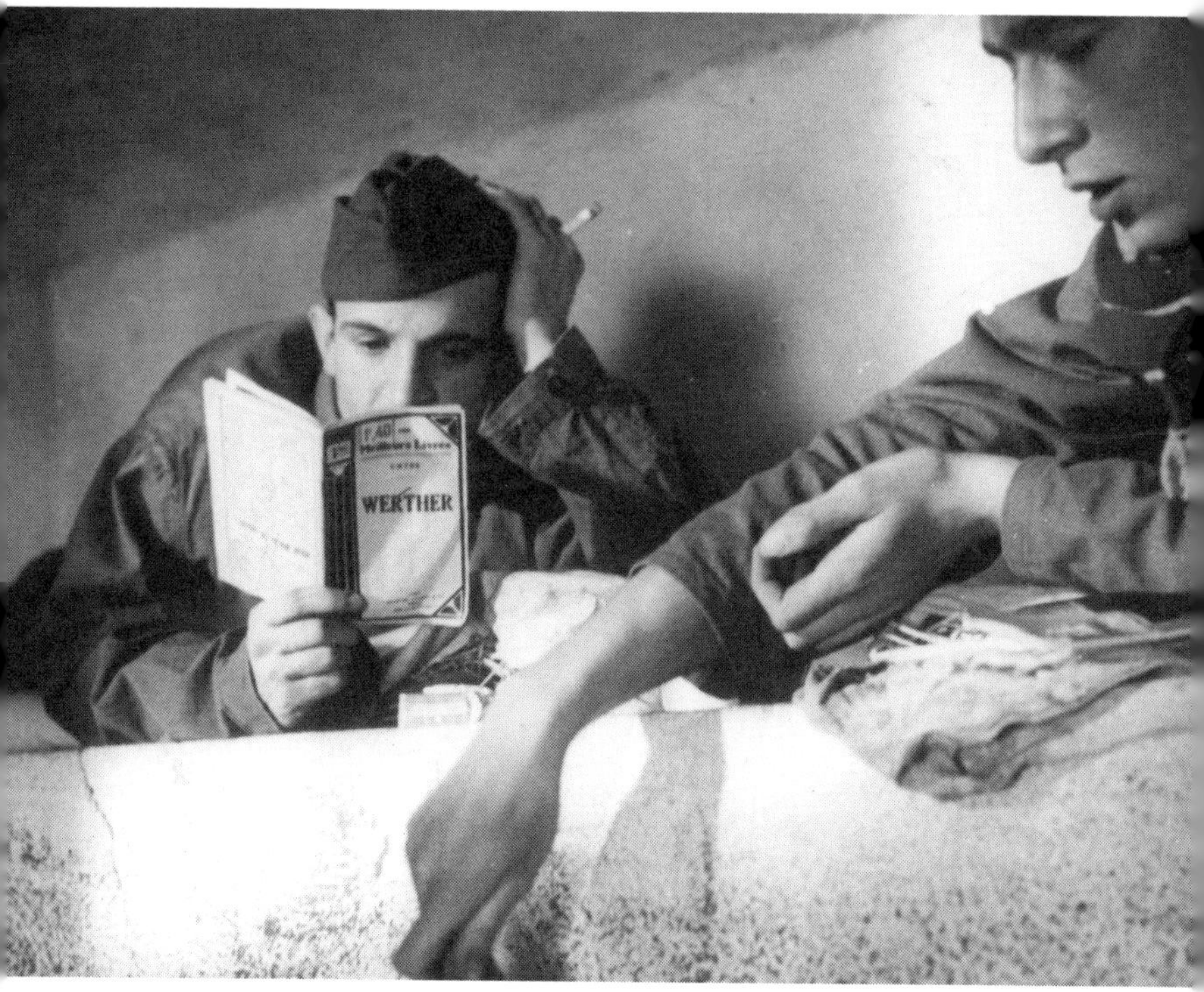

クロード・ド・ジヴレー監督作品『のらくら兵'62』に出演中のフランソワ・トリュフォー（ゲーテの「若きウェルテルの悩み」を読んでいる）ⒸDR

リー・ミラーにとっては書物のことですが、トリュフォーにとっては映画のことで、トリュフォーは映画狂から映画評論家に、そして映画作家になった、いわば映画ひとすじの人生を生きぬいた人です。

といっても、トリュフォーは大変な読書家で、それも独学で何でも読みまくり、なかでもバルザックに最も熱中し、影響されたことをこんなふうに語っています。

> わたしは学校教育というものをほとんどまったく受けていないし、独学といっても、大好きな映画で得た知識以外に何もないのですが、ただひとつ、勉強らしきものをしたとすれば、それは、十三、四歳のころ、五十サンチーム硬貨で買えた灰色がかったざら紙にひどい印刷の廉価版「ファイヤール古典文学叢書」全百五十巻を、アルファベット順に、一冊残らず、一ページもとばさずに、読みつくしたことです。アルフォンス・ドーデの小説（「ジャック」「月曜物語」「ナバブ」）にも感銘を受けましたが、なんといっても最高にすばらしいと思ったのはバルザックでした。わたしの映画（長篇映画第一作）『大人は判ってくれない』の主人公の少年がバルザックのためにささやかな祭壇をつく

『大人は判ってくれない』
バルザックの祭壇に…

るのは偶然ではなく、わたし自身の体験に結びついているのです。

バルザックの小説のなかで最も愛読したのは「あら皮」です。そこに描かれた一種の狂気に魅せられたのだと思います。いまのわたしは、むしろ、「谷間の百合」や「幻滅」や「ウジェニー・グランデ」などのほうが好きです。いつかわたしが恋愛映画を撮るとしたら、間違いなくバルザックの影響が最も直接的にあらわれるだろうと思います」。（「レ・レットル・フランセーズ」紙一九五九年五月二十八日、『大人は判ってくれない』公開直前のインタビューより）

少年時代の自画像と言ってもいい長篇映画第一作『大人は判ってくれない』（一九五九）の主人公、アントワーヌ・ドワネルは、十四歳ですが、バルザックに熱中し、その肖像写真を祭壇に掲げ、バルザックの「絶対の探求」を丸暗記して学校の作文に盗用してしまうほどです。のちに『恋のエチュード』（一九七一）で老いた主人公（ジャン＝ピエール・レオー）がロダン美術館の庭に立つバルザック像を感動とともに見上げる印象的なシーンにつながります。

『柔らかい肌』（一九六四）の主人公、ピエール・ラシュネー（ジャン・ド

『夜霧の恋人たち』のジャン=ピエール・レオー。トリュフォーの次回作になる『暗くなるまでこの恋を』の原作（ウイリアム・アイリッシュの小説「暗闇へのワルツ」）を読んでいる… ©MK2/DR

サイ）は「バルザックと金銭」という題の本を出版している作家で、そのテーマの講演をおこなうし、『夜霧の恋人たち』（一九六八）のアントワーヌ・ドワネル（ジャン＝ピエール・レオー）はバルザックの小説「谷間の百合」を読み、その小説をとおして年上の人妻（デルフィーヌ・セイリグ）との恋を知り、『暗くなるまでこの恋を』（一九六九）のジャン＝ポール・ベルモンドは最後にバルザックの小説「あら皮」を読んでその小説の主人公の欲望がふくらみ、かなうと同時に生命の象徴であるあら皮がちぢんでいくように、カトリーヌ・ドヌーヴへの恋のために命をちぢめていく。

戦時中、ということは第二次大戦中の一九四三年、トリュフォーは一九三二年生まれですから、十一、二歳のころ、『大人は判ってくれない』のアントワーヌ・ドワネルの年齢よりももっと早くから、バルザックとともにエミール・ゾラの小説も読んでいて、とくに「テレーズ・ラカン」に大変な衝撃をうけたそうです。ヒロインのテレーズが夫を愛人とともに殺す描写のすさまじさは「ドイツ表現主義映画と同じくらい強烈な印象を残した」と語っています。「テレーズ・ラカン」は一九二八年にジャック・フェデル監督で映画化され（ヒロインのテレーズを演じたのはジナ・マネスという、スチール写真を見るとかなりこわい顔の女優でした）、同じ『テレーズ・ラカン』の題で戦前、日本でも公開されていますが、私は残念ながら見ておらず、戦後、一九五三年にマルセル・カルネ監督によって再映画化された『嘆きのテレーズ』のほうがすぐに思いだされます。ヒロインのテレーズをシモーヌ・シニョレが、その愛人をラフ・ヴァローネが演じ、テレーズの夫（ジャック・デュビー）を疾走中の列車から突き落として殺害するシーンもあざやかにおぼえています。

ゾラの小説「テレーズ・ラカン」を読んで、トリュフォー少年は小説家になりたいという衝動に駆られたそうです。しかし、戦争が終わって、パリ解放後の一九四六年に公開されたオーソン・ウェルズ監督・主演のアメリカ映画『市民ケーン』（一九四一）を見て、映画監督になりたいというさらに強い衝動に駆られ、結局、文学と映画のあいだで、もし映画監督になれなくても、シナリオライターに、脚本家に、なろうと思っていたとのことです。映画監督になってからも、トリュフォーは自ら脚本を書きつづけました。とくに「ドワネルもの」とよばれるアントワーヌ・ドワネルを主人公にした自伝的シリーズはすべてオリジナル・シナリオで、クロード・ド・ジヴレーやベルナール・ルヴォンの協力を得て、といっても全体をまとめて書く作業はつねにトリュフォー自身で、一九七〇年には『大人は判ってくれない』から『家庭』（一九七〇）に至る脚本集「アントワーヌ・ドワネルの冒険」を出版しています。このシリーズはその後、もう一本、『逃げ去る恋』（一九七九）という完結篇というか、総集篇によってしめくくられます。

トリュフォーは、映画監督になる前、ジャーナリスト、批評家だったころにも、「アントワーヌとみなし娘《ご》」という「ジャン・コクトーふう」の短篇小説を書いたりしていました。映画監督になって、『トリュフォーの思春期』（一九七六）を小説化した「子供たちの時間」（これは私の訳で講談社から出版されました）や『恋愛日記』（一九七七）のノベライゼーション（小説化）を試みているのも、かつての小説家志望の夢とつながっているのかもしれません。手紙を書くのも大好きで、死後その書簡集がまとめられて出版されましたが、書簡文学の傑作と評価されました。その翻訳も権利の問題で、ほんの一部だけ（といっても、かなりの分量ですが）、「トリュフォーの手紙」としてまとめ、平凡社から出版しました。一九六八年の五月革命のあと、盟友ジャン＝リュック・ゴダールとの袂別に至る骨肉相食むがごとき喧嘩状の応酬など読むに耐えられないほど熾烈なものです。とても資料的価値のある代物とは言えませんが（!?）、真の親友同志が妥協なしに訣別するとはどんなものかがすさまじく切実に迫ってきます。この苛烈なののしり合いと決裂の手紙は郵送ではなくジャン＝ピエール・レオーを通じて交わされました。そして、こっそり盗み読みしてしまったジャン＝ピエール・レオーは心から敬愛するふたりの「父親」の絶交不可避の熾烈なののしり合いのはざまで、一時、ショックのあまり発狂してしまったということです。その後もずっと、このショックからジャン＝ピエール・レオーは完全には立ち直れなかったような気がします。

トリュフォーの映画のなかでは、よく手紙を書くシーンが出てきますが、書簡映画あるいは書簡体映画と言ってもいいような『恋のエチュード』や『アデルの恋の物語』（一九七五）は特別としても、それ以外の、とくに「ドワネルもの」などで画面に出てくる書き文字はすべてトリュフォーの自筆です。たとえば『逃げ去る恋』でアントワーヌ・ドワネルが新しい恋人のサビーヌに手紙を書くシーンでは万年筆で書く手も画面にうつっていますが、トリュフォー自身の手であることがわかります。手紙魔と言ってもいいトリュフォーは生涯、手紙を書きつづけました。一日に何通も同じ相手に手紙を書いたりしています。最後の手紙人間だったと言いたいくらいです。

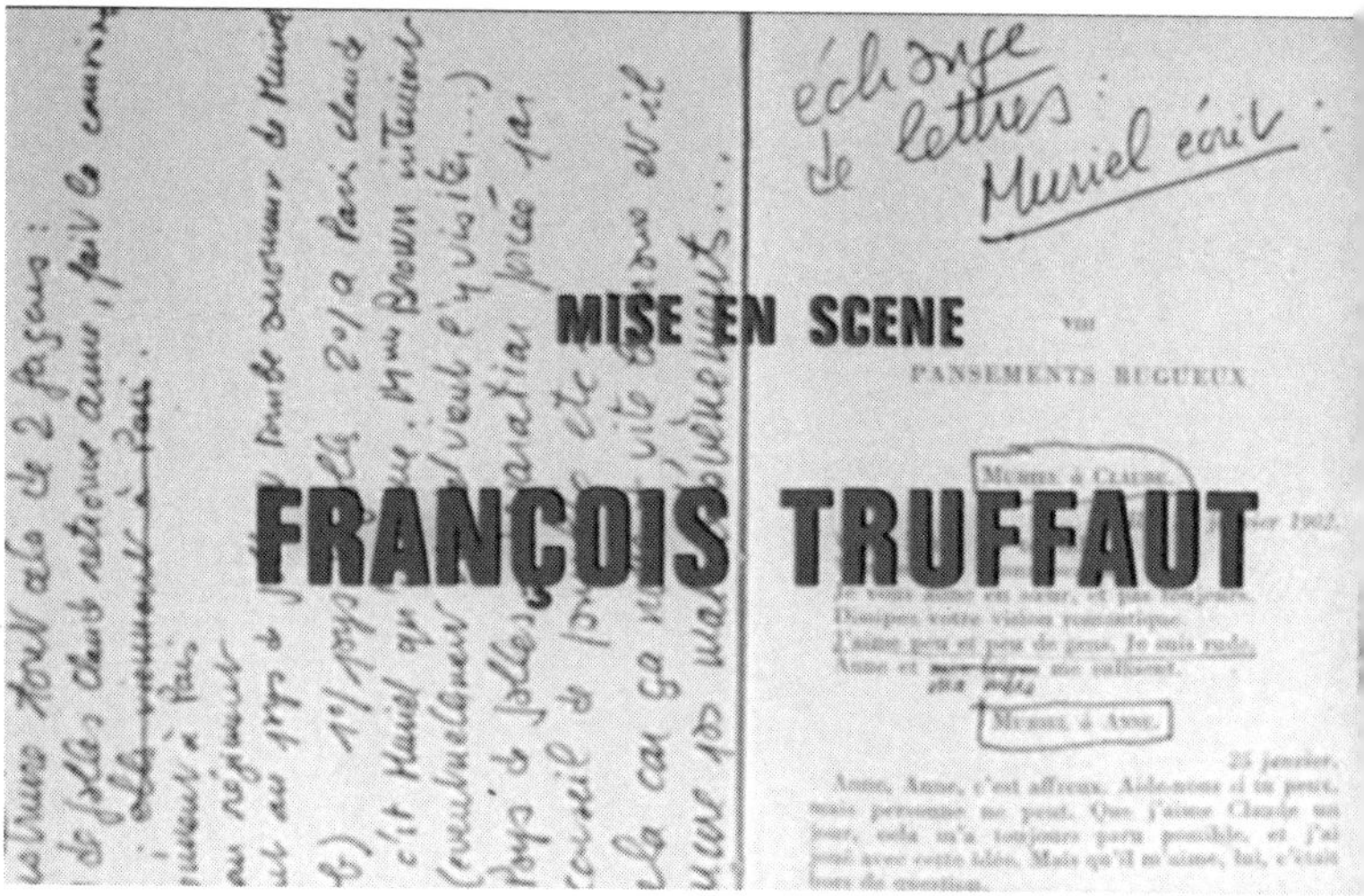

『恋のエチュード』のクレジットタイトル「演出　フランソワ・トリュフォー」。タイトルバックは原作のアンリ＝ピエール・ロシェの小説の余白に記した覚え書とともに、そのまま共同脚本のジャン＝グリュオーに送られた手紙の一部
ⒸMK2/DR

『アデルの恋の物語』の
イザベル・アジャーニ
©MK2/DR

映画においても手紙がまるで恋のプロットを構築しているような感じです。『夜霧の恋人たち』では、いまはもうパリにも存在しない（と思うけれども――というわけで調べてもらったら、やはり、一九八四年に廃止されていた）気送便（pneumatique）による手紙のやりとりがあって圧巻（と言いたいくらい印象的なシーン）でした。郵便局から郵便局へ地下の圧縮空気管を使って送る速達便で、たぶんそのために（だけではないかもしれませんが）パリには地下にも「オペラ通り」とか「リヴォリ街」とか地名を記した標識があって、『夜霧の恋人たち』ではタバール夫人とアントワーヌ・ドワネルのあいだを、追ったり追われたりする速達便が鉄管のなかを音を立てて走り抜けていく（そう、まるで手紙そのものが走るという感じなのです）ところをキャメラがいちいち――姿形はもちろん見えないものの――とらえています。もちろん、そんなシステムもいまはないので、映画のなかでしか見られないのですが。

アントワーヌ・ドワネルが恋こがれる年上のタバール夫人と初めて二人きりになってすっかり上がってしまい、夫人に「ウイ、マダム」と答えるところを「ウイ、ムッシュー」と口走ってしまい、おどろく夫人に謝罪することも忘れて、ショックのあまり逃げだしてしまうと、そのあとをタバール夫人からの気送便が追いかけ、「マダム」と「ムッシュー」の言い間違いについてのこんな洒落た手紙によるたとえ話をやさしく伝えます——男の人が浴室に入ると、すでに女の人が裸になって入浴中でした。「失礼しました、マダム」と言えば、それは礼儀正しいことです。しかし、そこで、もし、「失礼、ムッシュー」と言ったら、それは機転です。

ここはアントワーヌ・ドワネルのアパルトマンのなかで恋の病に臥せっているアントワーヌにタバール夫人が直接話すシーンのようにずっと記憶していたのですが、記憶違いで（というより記憶がふくらんでしまって）、バルザックの小説「谷間の百合」の青年フェリックスと年上のモルソフ夫人の恋についてタバール夫人を演じるデルフィーヌ・セイリグの美しいセクシーな声が語るシーンとすっかり混同してしまったようです。

『華氏451』（一九六六）では書物人間になってしまったトリュフォーですが（ラストシーンはレイ・ブラッドベリの原作とは違って書物人間が静かに力強く生きていく運命共同体のような風景です）、同じように、しかし孤立して、手紙人間としてのトリュフォーもまた映画に欠くべからざる人物の典型として生きつづけているかのようです。

第5章　女は魔物か？

『華氏451』（一九六六）の書物人間になるとしたら、ジャック・オーディベルチ（ジャック・オーディベルティの表記もあります）の「マリー・デュボワ」になりたい、とフランソワ・トリュフォーは語っていました（もちろん映画のなかでも「マリー・デュボワ」という題の一冊が炎に包まれて燃え上がります）。その前に、『ピアニストを撃て』（一九六〇）でデビューした女優にマリー・デュボワという芸名を付けたりしていますから、どんなに好きな作家の作品だったか、推察できます。オーディベルチの一九四六年の小説「モノレール」をジャン＝ポール・ベルモンド主演で映画化する企画もあり、その予告篇のように『暗くなるまでこの恋を』（一九六九）ではジャン＝ポール・ベルモンドがカトリーヌ・ドヌーヴの泊まっているホテルの部屋に忍び込むシーンで、そのホテルの看板がヒッチコックの『めまい』（一九五八）のキム・ノヴァクが泊まっているホテルのようにネオンサインになっているのですが、そのホテルの名が「モノレール」なのです。残念ながら映画化の企画は実現しなかったのですが。

「マリー・デュボワ」は一九五二年のジャック・オーディベルチの小説ですが、私は残念ながら、「モノレール」も「マリー・デュボワ」も、邦訳もないし、読んでいません。ジャック・オーディベルチという作家のこ

上／『暗くなるまでこの恋を』のカトリーヌ・ドヌーヴ
下／カトリーヌ・ドヌーヴが泊っているホテル「モノレール」のネオンサイン

ともまったく知りませんでした。「集英社世界文学大辞典」の解説（宮崎玲子）によれば、劇作家・詩人・小説家で、一八九九年、南フランスのコートダジュールの港町アンチーブに生まれ育ち、ジャーナリスト、編集者としてシュールレアリスム時代のパリに出て十五年を過ごす間に詩作をはじめ、アンドレ・ブルトンとシュールレアリスムの影響を意識しながらも自らは「私はシュールレアリストではない」と語り、詩集のほか、「彼のほとばしり出る豊かな言語」は小説から戯曲に至ってその本領を発揮。「生と死、善と悪といった対立するものをテーマに、方言や隠語なども駆使してバロック的な世界を描き出」す。一九五五年の評論「アブユマニスム」ではユマニスム humanisme（人間主義／人文主義）に対する反ユマニスム abhumanisme（トリュフォーはアビュマニスムと発音していたような記憶がありますが）の哲学を説き、「人間は特別の存在ではなく、自然と人間は一体をなしているにすぎない」という考えを述べる。一九六三年から亡くなる一九六五年まで書きつづけられた日記「日曜日が私を待っている」が最後の作品となった。

　というところで、語呂合わせみたいに、偶然にも（いや、必然的に）トリュフォーの遺作になった『日曜日が待ち遠しい！』（一九八三）とその題名どおりに律儀に映画的に一九八四年十月二十一日の日曜日に亡くなったトリュフォーの人生が結びつきます。

『ピアニストを撃て』の酒場の主人（セルジュ・ダヴリ）がウェートレスのマリー・デュボワに惚れているけれども想いがかなわず、「女は魔物《マジック》か?」と言うのが印象的で、これはジャック・オーディベルチの小説「マリー・デュボワ」（だったか?）からの引用とのことです。このせりふはジャン゠ピエール・レオーの演じるアントワーヌ・ドワネルや『アメリカの夜』（一九七三）のアルフォンス（ジャン゠ピエール・レオー）はもちろん、『日曜日が待ち遠しい!』の女に狂って殺人者になるフィリップ・ローデンバックに至るまで、疑問形だったり断定的だったりしながらその口からくりかえし出てくるので、忘れがたいせりふになっています。トリュフォーはこんなふうに語っていたものです。

『ピアニストを撃て』のセルジュ・ダヴリはジャック・オーディベルチ的な人物として最初から頭のなかにありました。わたしは「カイエ・デュ・シネマ」誌の編集者だった時代にオーディベルチに映画についての文章を書いてもらったこともあり（「カイエ・デュ・シネマ」誌

『ピアニストを撃て』©MK2/DR
シャルル・アズナヴールとマリー・デュボワ
(ジャック・オーディベルチの小説「マリー・デュボワ」からいただいた芸名だった)

一九五四年から五九年まで執筆している)、大好きな作家だったので、彼がわたしの『大人は判ってくれない』を好きではないことを知って、とても落ちこんだものです。そこで、次の作品の『ピアニストを撃て』は、オーディベルチのために、オーディベルチに気に入られるような映画をつくろうという気持ちで撮ったのです。セルジュ・ダヴリが演じる酒場の主人に「女は魔物か?」というオーディベルチから引用した言葉をせりふとして言わせ、オーディベルチ的な魔に憑かれた女性観の持ち主に描くためでした。(「トリュフォー最後のインタビュー」、平凡社)

その後、シュールレアリストたちのアイドルであり詩神《ミューズ》だったディアーヌ・ドゥリアーズの回想録「恋する空中ブランコ」(平井啓之/梅比良眞史訳、筑摩書房)のなかの「サン＝ジェルマンの真ん中で──オーディベルチ」という一章を読んで、まさに「女は魔物か?」と問いつづけたにちがいないと思われるような、こんなオーディベルチについての描写を見つけました。

〈女性〉というものについて偏執的観念を持っていた彼（オーディベルチ）は女たちを恐れ、彼を魅き付けては拒絶する謎めいた女の世界を恐れていた。

オーディベルチは彼女（ディアーヌ・ドゥリアーズ）を「きみは私のジャンヌ・ダルクだ」と讃美し、彼女のために（彼女は女優でもあったので）「オルレアンの少女」という戯曲を書いた。日頃から彼女を「去勢コンプレックスを引き起こすディアーヌ」と呼んでいたオーディベルチは、そのまま「劇の重要な一面、恋や男たちの欲求に屈するのを拒む」ヒロイン像に反映させていたという。そして——

私たちが最後に会ったとき［……］、サン＝ジェルマン＝デ＝プレの路上、一九六五年のことだ。

その日、彼（ジャック・オーディベルチ）は哀しそうだった。いつもは私の頬にしかキスしなかった彼が、北駅のプラットフォームでの別れのとき、私の唇にキスをし、その熱情と力強さが私の印象に残った。永遠の別れの口づけだったのだ。

何か月か後、パリで、七月十日に彼が死んだのを知った。それは、「日曜日が私を待っている」という、近づく死を予告する本が出版されたすぐ後だった。

一九六五年七月十日は土曜日だった。

フランソワ・トリュフォーはジャック・オーディベルチを「内気な巨人」と呼び、「女は魔物か?」と口にこそ出さないけれどもオーディベルチ的な女性への崇拝と欲情に苦しむ内気なキャラクターを『黒衣の花嫁』(一九六七)のミシェル・ブーケや『私のように美しい娘』(一九七二)のシャルル・デネルにも演じさせています。異形の西部劇(としか私には思えないけれども)、ニコラス・レイ監督の『大砂塵』(一九五四)をともに熱愛して共感していたこともあって、トリュフォーはいつも、ジャック・オーディベルチが『大砂塵』のジョーン・クロフォードについて評したように(「カイエ・デュ・シネマ」誌一九五五年四月第46号)「まるで俳優の人生がそこにしかないように」演じてもらうことにしたのだとも語っています。

まるで俳優の人生がそこにしかないように——『アメリカの夜』のジャン゠ピエール・レオーなど、まさに、アルフォンスという俳優の役を演じているだけなのに、まったくジャン＝ピエール・レオーという俳優の人生がそこにしかないかのようです。アルフォンスとジャン＝ピエール・レオーの区別がつかない。実際、『アメリカの夜』のあと、ジャン＝ピエール・レオーというのは女にふられたからといっては撮影をすっぽかしたりするわがままで甘ったれで面倒な俳優だという噂が業界に流れ、一時は仕事がまったくこなくなったことがあったとか。これぞ役者冥利に尽きるとも言うべき名演か「名優」たるべき評価をもしのぐ迫真の演技だったということでしょう。

第6章　リュミエールのように単純に

リュミエールは、もちろん、世界最初の映画、スクリーンに上映された最初の映画を撮ったルイ・リュミエールのことです。オーギュストとルイのリュミエール兄弟がシネマトグラフを発明し、兄のオーギュストは機械や技術の開発のほうに専念、弟のルイが撮影をして、そのルイ・リュミエールが撮った有名な『庭師』（一八九五）は、『水を撒かれた水撒く人』などのタイトルでもよく知られた作品ですが、トリュフォーの短篇処女作『あこがれ』（一九五七）のなかに、いわば映画のはじまり、映画の原点への挨拶のように引用されます。フィルムによる再現、オマージュとしてのリメークと言ってもいいと思います。庭師がホースで水を撒いていると、いたずら小僧がそっと近づいてホースを足で踏みつける。突然、水が出なくなったので、庭師は「おや？」と思ってホースの口をのぞきこむ。と、いたずら小僧がホースを踏みつけていた足をパッとはずすので、水がどっとホースの口からあふれ出て、庭師は顔いっぱいに水をかぶってしまう、という有名な一景です。リュミエール作品はキャメラを固定したままワンカットで撮ったものですが、トリュフォーはていねいにカットを割って、その内容を分析しながら撮ってみせます。世界最初のコメディーというか、ギャグというか、喜劇映画のはじまりともみなされる寸劇ですが、そのシーンを再現して、映画のはじまりへの心をこめためくばせ、挨拶をしている感じです。好きなものをこんなふうにいろいろと模倣、リメークの形で「引用」することがヌーヴェル・ヴァーグの方法の一つでもあることはジャン＝リュック・ゴダールの映画などを見てもよくわかります。ゴダールも『カラビニエ』（一九六二）のなかでリュミエールの『列車の到着』（一八九七）と『赤ん坊の食事』（一八九五）を再現、リメークしてみせます。『カラビニエ』の兄弟、ユリシーズとミケランジェロの弟のほう、ミケランジェロ（アルベール・ジュロス）が生まれて初めて映画を見に行くシーンで、列車がスクリーンから客席に向かってくるので観客が脅えたという伝説をパロディーにしています。

「リュミエールのように単純に」というのが、ゴダールにとっても、トリュフォーにとっても、いわばヌーヴェル・ヴァーグの合言葉の一つでした。たとえば、ゴダールはこんなふうに言っています。「トリュフォーによれば、映画はリュミエール的な面すなわち探求と、メリエス的な面すなわち見世物と、二つの面がある。わたしは結局のところ、いつも見世物の形式で探求の映画をつくろうとしてきたのだ」（『ゴダール全集4』、蓮實重彥、保苅瑞穂訳、竹内書店）と。

リュミエールは実写でありドキュメンタリーであり、メリエスはつくりものでありフィクションであるというふうに映画史のはじまりを分類する見解もありますが、トリュフォーはリュミエールに対して「探求」という表現を使っているのです。実際、リュミエールの『庭師』は演出された作品でした。世界最初の劇映画と言ってもいいものです。

その意味では、トリュフォーのつくってきたものは、探求の形をした見世物映画と言ってもいいかもしれない。映画はあくまでも見世物、観客に見せるもの、見てもらうものでなければならないとトリュフォーは考えていたと思います。しかし、その表現形式はリュミエールのように、その意味でのドキュメンタリーのようにと言ってもいいのですが、それはつまり、単純に、ということで、ドキュメンタリーそのものはトリュフォーが最も嫌っていたものでした。

トリュフォーのドキュメンタリー嫌いとそれとはうらはらのドキュメンタリズムについては、次章の「ロベルト・ロッセリーニとネオレアリズモ」の項であらためて検討することにして（つまり、ヒッチコック的な見世物精神とロッセリーニ的なドキュメンタリズムがトリュフォーのなかでは拮抗しつつ存在するわけです）、ここでは、とりあえず、リュミエールの映画の引

上／ルイ・リュミエールの『庭師』
下／『あこがれ』の引用・再現された『庭師』のパロディー

用と再現に注目したいと思います。トリュフォーの『あこがれ』のテニスコートの片隅でリュミエールの『庭師（水を撒かれた水撒く人）』がそっくりそのまま再現されるギャグ、次いでゴダールの『カラビニエ』でリュミエールの『列車の到着』と『赤ん坊の食事』がパロディーとしてリメークされるところをつづけて見ていくとヌーヴェル・ヴァーグ的リュミエール精神のようなものが感じられます。このパロディーの『赤ん坊の食事』で父親を演じているのは、『カラビニエ』の脚本家でもあるジャン・グリュオーです。ロベルト・ロッセリーニ監督の『ヴァニーナ・ヴァニーニ』（一九六一）や『ルイ十四世の執権』（一九六六）のシナリオライターであり、トリュフォーの『突然炎のごとく――ジュールとジム』（一九六一）、『野性の少年』（一九七〇）、『恋のエチュード』（一九七一）、『アデルの恋の物語』（一九七五）、『緑色の部屋』（一九七八）の脚本も書き、『野性の少年』では野生児を捕らえて収容した聾啞学院の訪問客として出演もしています。

第7章

ロベルト・ロッセリーニとネオレアリズモ

ロベルト・ロッセリーニは、トリュフォーが一九五六年から五七年にかけて、二年近く助監督について、三本のシナリオを書くのを手伝い、いろいろなことを学んだ敬愛するイタリアの監督です。英語ではイタリアン・リアリズム、このところはイタリア語のネオレアリズモ（新しいリアリズムという意味です）が日本語としても定着してきましたが、そのネオレアリズモの巨匠がロッセリーニです。

助監督についたといっても、じつはその間ロッセリーニは仕事をほされていて、一本も映画を撮ることができなかった。第二次世界大戦直後のネオレアリズモの時代は去って、その後、イングリッド・バーグマン主演の『ストロンボリ　神の土地』（一九四九）から『ヨーロッパ一九五一年』（一九五二）、『イタリア旅行』（一九五三）、『火刑台のジャンヌ・ダルク』（一九五四）、『不安』（一九五四）までどれも不評で当たらず、まったくプロデューサーがつかずにいたころです。そんな時期に、「カイエ・デュ・シネマ」誌の一派に評価されて励まされ、トリュフォーに協力を求めて三本の映画を企画するけれども、ついにどれも映画化されずに終わりました。トリュフォーは当時、「アール」という文芸週刊紙の映画欄を担当しながら、つまり映画ジャーナリストとしての仕事をつづけながら、ロッ

1959年、フランソワ・トリュフォーと
ロベルト・ロッセリーニ ©MK2/DR

セリーニの助監督になって、シナリオ書きやロケハンに付き合うわけですが（そのすばらしい体験を「ロベルト・ロッセリーニとともに」という文章に書いています）、そこで学んだのが、とことん人間に惚れこんでしまうロッセリーニの才能、とにかく人間が大好きで、とことん人間に密着取材をするという、そういう点でのドキュメンタリズムだったと言えるでしょう。何よりもまず人間にインタビューをして、その直接的な生の反応を映画にとらえるという方法です、『ストロンボリ　神の土地』では島の漁民の青年をイングリッド・バーグマン主演の劇映画のなかにそのまま起用しています。イングリッド・バーグマンはプロの女優ですから、イタリア映画ではせりふがすべてアフレコの吹替えだとしても、まったく素人の漁民の青年が相手では違和感があって、アンバランスで、チグハグで、ドラマとしてはなってないということで、批評家にも一般の観客にもまったくうけなかった。しかし、いかに素人でも、本物の漁民の青年であることが、ロッセリーニにとっては重要だったのです。

ロッセリーニはハリウッド的な「つくりもの」が大嫌いだった。イングリッド・バーグマンは、周知のように、ロッセリーニの『無防備都市』（一九四五）を見て感動し、ハリウッドを捨てて、ロッセリーニの妻になりヒロインになるわけですが、やっぱりハリウッド女優だったこともあって、ロッセリーニのドキュメンタリズムとは本質的に合わなかった。トリュフォーの『アメリカの夜』（一九七三）で、ヘアメイクの女の子（ニク・アリギ）が映画のなかで女中の役をやったりするので、いらついたベテラン女優のヴァレンチナ・コルテーゼが、スタッフとキャストがはっきり別々だったハリウッド時代の思い出をなつかしんだりしますが、それはロッセリーニの映画の撮りかたについになじめなかったイングリッド・バーグマンをモデルにしたものだったそうです。

『ストロンボリ　神の土地』には目をみはるマグロ漁のシーンがあるのですが、それはドキュメンタリーそのものの迫真性にあふれたすばらしさです。『ストロンボリ　神の土地』で最も鮮烈で印象的なシーンです。そのマグロ漁をイングリッド・バーグマンは小舟のなかで（だったか、岸辺で、だったか）、ただ、ながめているだけ。マグロがはねて、その水しぶきがかかるのをよけようとしたり、それぐらいのことしかできず、なすすべもなく、ただそこにいるだけ。もしかしたら、そこには実際にはいなくて、別撮りしたものをマグロ漁の実写と組み合わせただけかもしれない。いや、ドキュメンタリストのロッセリーニのことですから、やはり実際にその場

『ストロンボリ　神の土地』©DR
マグロ漁とイングリッド・バーグマン

で撮ったのではないかと思います。それにしても、マグロ漁のシーンはすごい迫力です。

そもそも、ロッセリーニは、『海底の幻想』（一九三七）とか、魚についてのドキュメンタリーばかり撮っていたのだそうです。小さな水族館をつくり、いろいろな魚を集め、とくに二尾の魚のエロチックな生態を海中のファンタジーとして映像化することに熱中していたとか。それが、あるとき、撮影中に、女優に惚れて、女優にも惚れられて、魚よりも人間のほうが大好きになり、女優のために、女優を主役にした劇映画を撮るようになった。世界に衝撃を与え、世界の映画史を変えたネオレアリズモの名作『無防備都市』も、最初は魚ではありませんが、ナチに銃殺された神父をめぐるドキュメンタリーを撮る予定だったのが、女優のアンナ・マニャーニのために劇映画につくりかえられた。ところが、というか、だからこそ、というか、ヒロインのアンナ・マニャーニが映画の半ば、ほとんど前半で、あっさり殺されてしまうのです。これが世界に衝撃を与えました。こんな劇映画はかつてつくられたことがなかったからです。もちろん、死んだヒロインはそれきり、映画の後半で回想シーンに出てくるというようなこともない。ハリウッド的な（起承転結のはっきりした映画などとは似ても似つかぬ、そっけないほど破綻だらけの）なまなましい未完のドラマだった。未完というのは正しくないかもしれませんが、現実の人生の断片をそのままえぐりとったような映画だった。最初から最後まできちんとしたプロットのレールが敷かれていて、そのうえを、大団円に向かってまっしぐらに進行する劇映画ではなかった。トリュフォーは「ロッセリーニとともに」という文章でこんなふうにロッセリーニの方法を分析しています。

ロベルト・ロッセリーニがシナリオを書くとき、じつは、全体のストーリーなど、どうでもいいのである。ただ、そのきっかけになるシチュエーションがあればいい。ある人物がいる。そして、その人物の信仰や食生活や国籍や職業上の活動がきまったとする。あとは、その人物にそれらの生活条件を充たそうとする欲望とそれを実現する力さえあれば、映画はできてしまうのである。欲望とそれを実現する力とのあいだにズレがあれば、当然、そこから葛藤が、すなわちドラマが、生まれる……。

要するに、ロッセリーニの方法とは、つねに人間が問題なのだ。とはいえ、あまりにも雑多ないつわりのフィクションのために見失われていた「人間」を再発見しなければならない。そのためには、まず厳密に記録映画的な手法で人間にアプローチし、次いで、できうるかぎり単純なストーリーのなかに人間を投げこみ、そしてそのストーリーをできうるかぎり単純に語ることだ。（「わが人生・わが映画」、前出）

そんなロッセリーニ的な単純で記録映画的な手法を、トリュフォーは自分の作品のなかにもちこみます。ゴダールと同じように、あくまでも純粋なドキュメンタルな探求から出発し、フィクションによって肉付けしていく映画づくりです。映画的記憶とともに現実の人生からの引用が映画づくりの基本になります。ゴダールはそのさまざまな引用をコラージュの手法でひとつの芸術作品に仕上げていくわけですが、トリュフォーはそれらの要素を織り合わせてひとつのストーリーを語ろうとするのです。しかし、『大人は判ってくれない』（一九五九）のなかで、主人公のアントワーヌ・ドワネルを演じるジャン＝ピエール・レオーが少年鑑別所で精神科の女医にいろいろと矢継ぎ早やに質問されて答えるところなどには、まさに「まず厳密に記録映画的な手法で人間にアプローチし、次いで、できうるかぎり単純なストーリーのなかに人間を投げこみ、そしてそのストーリーをできうるかぎり単純に語ること」の基本が見出されます。人間主体のドキュメンタリーの枠と言ってもいいと思います。ここでは、ジャン＝ピエール・レオーがアントワーヌ・ドワネルという役を演じているというよりは、ジャン＝ピエール・レオーという少年そのものが生の素材、ドキュメントになっています。あるいは、アントワーヌ・ドワネルを演じているはずのジャン＝ピエール・レオーが役と一体になってしまい、フィクションとドキュメンタリーが分かちがたく融合した瞬間と言ってもいいかもしれません。キャメラはジャン＝ピエール・レオーをとらえたままです。質問する女医は声だけです。ここは、じつは、トリュフォーがジャン＝ピエール・レオーに直接インタビューをして、あとで——ポスト・プロダクションで——アネット・ヴァドマンというジャック・ベッケル監督の『エドワールとキャロリーヌ』（一九五一）や『レストラパード街』（一九五三）、マックス・オフュルス監督の『たそがれの女心』（一九五三）や『歴史は女で作られる』（一九五五）などのシナリオライターだった「美しい声」の女性に吹き替えてもらったシーンです。ここで、ジャン＝ピエール・レオーは、もちろんアントワーヌ・ドワネルの役を演じているのですが、シネマ・ヴェリテ的な突撃インタビューにときどき、うっかり、というか、しどろもど

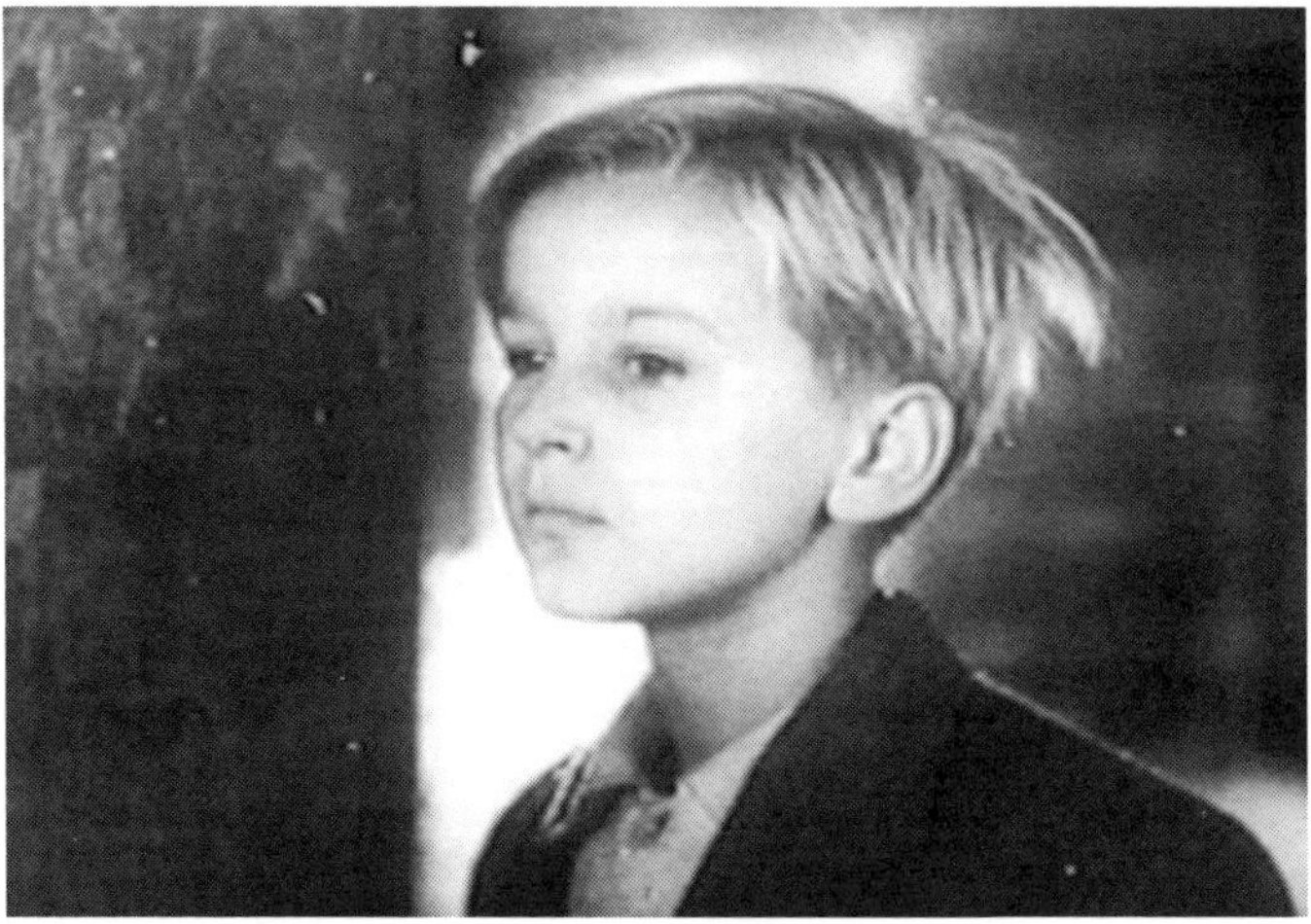

上／『ドイツ零年』
下／『大人は判ってくれない』

ろになって、ジャン＝ピエール・レオーとしての地が出てきてしまっている感じがリアルに、なまなましく見てとれます。これこそロッセリーニ的な、ネオレアリズモ的な、生の人間を密着取材する方法の踏襲です。ジャン＝リュック・ゴダールも、『女と男のいる舗道』（一九六二）や『男性・女性』（一九六六）や、ほとんどすべての作品で、こうした直撃インタビュー方式を使っています。ロッセリーニからジャン・ルーシュのいわゆるシネマ・ヴェリテに伝わってゴダールに踏襲された方法でもあると言えるでしょう。

トリュフォーの『大人は判ってくれない』はトリュフォー自身も語っているように、子供の映画としてはジャン・ヴィゴ監督の『新学期・操行ゼロ』（一九三三）とともに、ロッセリーニの『ドイツ零年』（一九四八）に最も影響された作品でもあったわけです。「子供の問題を深刻に描いた唯一の真実の映画」とトリュフォーが絶賛しているのが、『ドイツ零年』です。『ドイツ零年』を見て、それから『大人は判ってくれない』をあらためて見ると、感慨もひとしおです。人生で追いつめられた少年が自殺するかしないかが、もしかしたらネオレアリズモとヌーヴェル・ヴァーグの分岐点になるのかもしれません。

第8章　ヒッチコック的映画術

アルフレッド・ヒッチコックは、「映画術　ヒッチコック／トリュフォー」という大冊の研究書をトリュフォーがつくっていることからも、トリュフォーがどんなにヒッチコックからその映画術を学び取ろうとしたかがわかります。たとえばヒッチコックの『裏窓』（一九五四）でグレース・ケリーが車椅子のジェームズ・スチュアートにキスをするために顔を近づけるところが大写しでスローモーションとコマ落としを合わせたみたいな、ぎくしゃくした映像になって「おや?」と思うところがあるのですが、その映像効果について興味深く、「あれはコマのばしですね」とヒッチコックにただしたりしています。そして、その手法を自分の短篇処女作『あこがれ』（一九五七）でさっそく使っています。少年があこがれの年上の女性（ベルナデット・ラフォン）が乗っていた自転車のサドルに鼻を近づけてその残り香を嗅ぐところです。ほんの一瞬ですが、比較しながらつづけて見るとよくわかります。

トリュフォーは、ヒッチコックをジャン・ルノワールとともに生涯、映画の師と仰いでいたわけですが、ヒッチコック的サスペンスを映画の演出の基本としてトリュフォーが見事に活用して最も成功した作品は、じつはヒッチコック的な題材によるスリラー映画、『裏窓』と同じ原作者、ウ

ヒッチコックとトリュフォー ©MK2/DR

イリアム・アイリッシュ（コーネル・ウールリッチ）の小説を映画化した『黒衣の花嫁』（一九六七）や『暗くなるまでこの恋を』（一九六九）ではなく、不倫を主題にした恋愛映画『柔らかい肌』（一九六四）でした。「映画術　ヒッチコック／トリュフォー」のために、ヒッチコックに五十時間もインタビューした直後の一九六四年につくられた映画だったということもあるかと思います。

飛行機のなかで、スチュワーデスのフランソワーズ・ドルレアックが主人公のジャン・ドサイにマッチを渡す。そのマッチには彼女の電話番号が記されているのですが、そのメッセージに気づくまでの微妙なプロセスからして、ヒッチコックの『北北西に進路を取れ』（一九五九）でケーリー・グラントが二階からマッチを投げてエヴァ・マリー・セイントに危険を知らせるシーンを想起させます。比較しながら見てみると、よくわかります。

不倫の愛を『柔らかい肌』ほどサスペンスにみちたタッチで描いた繊細な映画もまれかと思われます。妻子ある中年男ジャン・ドサイが、若い愛人のフランソワーズ・ドルレアックとの関係が周囲にバレないように画策し、右往左往するのですが、そのサスペンスたるや、見ていて本当にハラハラ、ドキドキします。とくにサイレント――ナレーションもなく、せりふもない——のシーンのサスペンスにみちた演出にはヒッチコックの教訓がすみずみまでゆきわたっています。

ヒッチコックの『見知らぬ乗客』（一九五一）をめぐって、トリュフォーは、ヒッチコック的サスペンスの法則を「時間の拡張と収縮」と分析しています。カットバックで描かれる二つのシーンに緊迫感を与えるために、思いっきり時間を圧縮したり、ゆるやかにしたりして、時間と巧妙にたわむれること。その理論を『柔らかい肌』で見事に実践してみせます。ホテルの813号室の鍵を小道具に使ったシーンです。ホテルのエレベーターで、男（ジャン・ドサイ）が女（フランソワーズ・ドルレアック）と二人きりになるところなど、果てしなくつづくかと思われる長い時間の感覚が息づまるくらいのサスペンスを生みだします。ふたりは言葉をかわすわけではなく、ただ視線だけでさぐり合い、語り合う。その視線のモンタージュによって、シーンが現実の時間よりもずっと引き伸ばされています。ドキドキするくらい長い。エドワード・ヤン監督の『エドワード・ヤンの恋愛時代』（一九九四）のエレベーターのシーンなどにもその後影響を与えていると思います。すばらしいシーンです。

こんなシーンもあります。ジャン・ドサイは映画館で映画（一九二七年のマルク・アレグレ監督『コンゴ紀行』の上映のあと、講演を終えて、すぐフランソワーズ・ドルレアックといっしょになろうと思っていたのに、講演会の主催者(ダニエル・セカルディ)につかまり、「打上げにビールでも飲もう」と誘われ、ことわりきれずに、いっしょにカフェに入る。映画館の前の広場には、講演会が満席で入れなかったフランソワーズ・ドルレアックがずっと待ちつづけている。もう夜で、外は暗く、人影もない広場にフランソワーズ・ドルレアックがポツンと寂しく立っている遠景がカフェのなかのジャン・ドサイの目から、とらえられる。若い男がフランソワーズ・ドルレアックに近寄って、しつこくつきまとう。逃げるフランソワーズ・ドルレアックを男がさらに追いかける。カフェのなかのジャン・ドサイはどうすることもできない。その間も、カフェのテーブルでは講演会の主催者が話しつづけているが、ジャン・ドサイは広場のフランソワーズ・ドルレアックのことで、気もそぞろというシーン。相手が何も聞いていないらしいことに気づいた主催者がやがてジャン・ドサイの落ち着かない様子を怪しむ……。ここはよくある内面の心理を説明するナレーションやモノローグによる心理描写などなしに、というのも、トリュフォーが忌み嫌った「フランス映画のある種の傾向」とは戦前からのフランス映画の主流だった文芸路線の巧みな言葉による心理描写であり、それは美しい言葉を信奉するフランス映画ならではの特質ではあったけれども（ジェラール・フィリップ主演の文芸ものなど、まさに美しい言葉による心理描写を中心にした映画です）、映画を映画的に解放するために、ということは、より純粋に視覚的にすべてを表現することをめざしたわけです。その純粋に視覚的な映画表現の模範になったのがヒッチコックだったのです。

『柔らかい肌』の主人公は平凡な中年男のジャン・ドサイですが、トリュフォーの映画の男たちは――「ドワネルもの」のジャン＝ピエール・レオー以外は――トリュフォー自身も「どちらかと言えばいやな男」「同化しにくい人物」と認めているように、私たちはジャン・ドサイよりもむしろフランソワーズ・ドルレアックのほうに感情移入してしまう。

トリュフォーにインタビューしたときに、こんなふうに語ってくれたことがあります。

サスペンスとは、つまりは、映画のドラマチックな緊張感、緊迫感のことですから、わたしはいつもヒッチコックの映画を手本にして映画をつくります。ですから、当然、わたしのすべての作品に、意識無意識を問わず、ヒッチコックの影響があることはたしかです。『アデルの恋の物語』（一九七五）のような映画にもヒッチコック的な要素が色濃くあります。観客の同化を求める映画はすべてヒッチコック的になる。ただ、ヒッチコックの映画ではその同化の対象である主人公が男性であるけれども、わたしの映画では女性であるというだけです。
（「トリュフォー最後のインタビュー」、前出）

トリュフォーはヒッチコック映画の音楽家として有名なバーナード・ハーマンに、『華氏451』（一九六六）と『黒衣の花嫁』の音楽を依頼します。バーナード・ハーマンは、オーソン・ウェルズの『市民ケーン』（一九四一）の音楽からはじめて、ヒッチコックの『ハリーの災難』（一九五五）、『知りすぎていた男』（一九五六）、『間違えられた男』（一九五七）、『めまい』（一九五八）、『北北西に進路を取れ』、『サイコ』（一九六〇）、『鳥』（一九六三）、『マーニー』（一九六四）の音楽を担当しています。そのバーナード・ハーマンの音楽によって、トリュフォーはヒッチコック的な雰囲気を自分の作品にとりこもうとします。『黒衣の花嫁』の録音風景を撮った記録映画があって、DVDの特典などで見ることができますが、『華氏451』の音楽はなんとかうまくいったものの、『黒衣の花嫁』の音楽についてはトリュフォーはバーナード・ハーマンとかなり対立し、ジャンヌ・モローのスカーフがテラスから飛んでいくシーンなど、結局、バーナード・ハーマンの音楽を使わずに、ヴィヴァルディの音楽を使うことになったいきさつが描かれています。『黒衣の花嫁』は、残念ながら、まったくヒッチコック的なサスペンスのない映画になりました。ジャンヌ・モローも、病後だったせいか、元気がなく、魅力がなかったと思います。

ヒッチコックへのめくばせ、ヒッチコックからの引用は、トリュフォーの作品のあちこちに見られます。そのあからさまな例をいくつか検討してみたいと思います。

『暗くなるまでこの恋を』は、ウイリアム・アイリッシュの小説「暗闇へのワルツ」の映画化ですが、映画を見ると、むしろヒッチコックの『めまい』のほとんどリメークです。カトリーヌ・ドヌーヴの失踪にショックをうけて精神的バランスを失ったジャン＝ポール・ベルモンドが入院した病院のベッドでうなされるシーンは、『めまい』でジェームズ・スチュアートがブロンドのキム・ノヴァクの死にショックをうけてうなされるシーンとそっくりです。もっとも、ベルモンドの収容される病院の名はウルトビーズで、ジャン・コクトーの『オルフェ』（一九四九）のなかの登場人物の名です。フランソワ・ペリエが演じていた人物ですが、じつはトリュフォーは『柔らかい肌』の主人公に『オルフェ』のウルトビーズ役のフランソワ・ペリエを使いたかったのだそうです。ところが、フランソワ・ペリエのスケジュールがどうしても合わず、やむを得ずジャン・ドサイを使うことになったものの、気に入らず、非常に不満でした。そんなこともあって、ウルトビーズの名に愛着があったようです。

『華氏451』には、『あこがれ』にヒッチコックの『裏窓』のコマのばしのテクニックが応用されたように、ヒッチコックの『めまい』の最も印象的なテクニック、階段の途中から、あるいは高所から下をのぞくときに、キャメラを後退させながら同時にズーム・アップするので、遠ざかりながらもぐんぐん近づいていくような果てしない落下の感覚、めまいの感覚が一瞬表現されるのですが、芝山幹郎氏によれば、アメリカではトロンボーン・ショットとその効果がよばれるとのことで、まさにトロンボーンの管の長さを伸縮させて音の高低を変えるような映像の伸縮効果が、主人公のモンタージュの悪夢のなかに女教師のクラリスの小学校の廊下が出てくると

上／『サイコ』のジャネット・リー ©DR
下／『日曜日が待ち遠しい！』のファニー・アルダン ©MK2/DR

ころで使われます。落下の感覚ではないのですが、廊下が果てしなく遠ざかっていくかのようです。

『日曜日が待ち遠しい！』（一九八三）には、ヒッチコックの『サイコ』からさりげなく（と言いたいくらい自然に見事に）そっくりそのまま引用されたシーンがあります。ファニー・アルダンが車で雨の夜のハイウェイをニースに向かって走るシーンは、『サイコ』のジャネット・リーが雨の夜のハイウェイを走り、やがてモーテルにたどり着くまでのすばらしいシーンの再現がすばらしく成功した例です。つづけてこの二つのシーンを見ると、岸松雄氏の言う「心ある踏襲」という表現を使いたいくらい、成功した見事なシーンだと思います。

『日曜日が待ち遠しい！』には、ヒッチコックの『三十九夜』（一九三六）や『北北西に進路を取れ』で背中にぐさりとナイフを突き刺された人物が主人公の前で倒れるというショッキングなシーンがやはり再現されます。エデン座という映画館の窓口の婦人がナイフを背中にぐさりと刺されて、よろけながら窓口に入場券を買いにきた男に倒れかかるシーンです。死ぬ前に一度は撮ってみたかったのでしょう。最後の最後までヒッチコックへの敬意をこめた映画的な遊び心が感じられます。

第9章

すべてはジャン・ルノワールに
——ふたたび作家主義とは何か

「ジャン・ルノワールは世界最大の映画作家だ」とフランソワ・トリュフォーはいきなり断言するのです。

これは客観的な分析や研究による結論ではなく、わたしの――わたしもまた映画をつくる人間としての――個人的な直観である。しかしながら、これはわたしだけの偏見ではなく、他の多くの映画作家が抱いている直観的確信でもある。(「わが人生の映画たち」、前出)

さらに、「ジャン・ルノワールこそ直観の映画作家ではなかろうか」と述べ、ジャン・ルノワールの映画に関しては喜劇か悲劇か、シリアスなドラマか軽いコメディーかといったような分類は意味がない。どの作品も深刻であると同時に軽薄で、真剣かと思えばデタラメで、一途であるとともに奔放そのもの、泣いているのか笑っているのか、ドラマチックであると同時にコミカルな「コメディー・ドラマチック」であるというのです。

わたしたち――というのは「カイエ・デュ・シネマ」誌の仲間たち――は、ジャン・ルノワールの映画なら何でも愛したので、しばしば、ジャン・ルノワールは何もかも文句なしにすごいと口走ったものだ。こうした作家主義批評は、いわゆる「傑作」をたてまつる連中、すなわち、作家の意図したものと表現されたものが完璧に一致している作品しか評価しない連中には相当癇《かん》に障ったようだ。

たしかに、ジャン・ルノワールという映画作家は彼の意図を完璧に表現することなど心にかけたことは一度もなかった。それどころか、逆に、つねに半即興的な、意識的に未完成の、いうなれば穴だらけの仕事をし、観客の一人ひとりがその穴を埋めて、未完の作品を自分なりに完成させ、自分なりに解釈し、その解釈が無限に豊かに拡がって、あらゆる点でその作品がどうにでもなるように、あえて、一切変えようのない固形物としての「傑作」などつくるまいとして聡明にも彼の人生の大部分の時間をついやしてきたのである。

そして、こう結論するのです——「個々の映画はこの映画作家の思考行為のある瞬間を示しているだけであり、彼のすべての映画が一体になってこそジャン・ルノワールの『作品』を形成するのである」。

「作家主義」宣言です。

ジャン・ルノワールだったら、こういう場合どうするだろうといつもトリュフォーは撮影中に考えていたので、自分の映画にはヒッチコック以上にルノワールの影響が大きいと認めていました。『暗くなるまでこの恋を』（一九六九）の冒頭、クレジットタイトルのあと、ジャン・ルノワールの『ラ・マルセイエーズ』（一九三八）からのシーンが引用され、「ジャン・ルノワールに捧ぐ」というトリュフォー自身の書き文字による献辞が画面に出ます。そして、ラストシーン、カトリーヌ・ドヌーヴとジャン＝ポール・ベルモンドが雪のなかを、生と死の国境を越え、永遠の愛に向かう美しいシーンは、ジャン・ルノワールの名作『大いなる幻影』（一九三七）のラストのジャン・ギャバンとマルセル・ダリオがついに国境を越える感動的なシーンにそっくりです。『暗くなるまでこの恋を』にはジャン＝ポール・ベルモンドとカトリーヌ・ドヌーヴが大木の根のところにすわって愛を誓うという、アメリカ時代のジャン・ルノワール監督の『小間使の日記』（一九四六）にそっくりのシーンがあるのですが、それも、『暗くなるまでこの恋を』のロケ地で偶然、そっくりの大木を見つけ、その場で思いついたシーンだとのことです。ほんのめくばせでしかない即興のシーンですが、ジャン・ルノワールの『小間使の日記』と併《あわ》せて見るとよくわかり

上／『暗くなるまでこの恋を』のクレジットタイトル
下／ジャン=ポール・ベルモンドとカトリーヌ・ドヌーヴ

『暗くなるまでこの恋を』カトリーヌ・ドヌーヴとジャン=ポール・ベルモンド ©MK2/DR

『暗くなるまでこの恋を』カトリーヌ・ドヌーヴとジャン=ポール・ベルモンド ©MK2/DR

『大いなる幻影』のラストシーン
©DR

ます。めくばせをせずにはいられなかったのでしょう。ジャン・ルノワールにすべてを負い、すべてを捧げるというトリュフォーならではの律儀なオマージュです。

『アメリカの夜』（一九七三）は、トリュフォーが心から愛したアメリカ映画はもちろん映画そのものへのオマージュであるとともに、とくにジャン・ルノワールの『黄金の馬車』（一九五二）へのオマージュです。トリュフォーのプロダクション「レ・フィルム・デュ・キャロッス」は『黄金の馬車（ル・キャロッス・ドール）』の「キャロッス（馬車）」をいただいたものでした。『黄金の馬車』は「芝居と現実が交錯する」作品で、「愛における誠実さと芸術家の夢」をテーマにしています。「芝居」を「映画」にかえれば、これはそのままトリュフォーの人生と映画をつらぬくテーマになります。『黄金の馬車』のラストで、恋する男たちがみんな去ってひとり取り残されたヒロインのアンナ・マニャーニに、一座の座長は、ジャン・ルノワールの代弁者のようにこう言います――「人生とやらにおまえの場はない。おまえが幸福を見出せるのは毎晩ほんの二時間、舞台の上で女優の仕事に我を忘れるときだけだ」。

これは、映画づくりを描く映画『アメリカの夜』で女にふられて絶望して撮影をすっぽかす俳優のジャン＝ピエール・レオーに映画監督の役を演じるトリュフォーの言うせりふに、そっくりそのまま受け継がれます。「忘れるな、仕事がいちばん大事なんだ。わたしたちの幸福は仕事のなかにしかないんだ。知っているはずだ。わたしたちには映画しかないことを」というせりふです。

ジャン・ルノワールは映画のテーマよりも俳優を、思想よりも人間を大事にした映画監督だった、と「わが人生の映画たち」（前出）のなかでトリュフォーはこうも述べています。

ジャン・ルノワールが描くのは、思想そのものではなく、いろいろな思想を持っている男たちと女たちなのである。その思想がばかげたものだろうと、非現実的なものだろうと、そんなことは彼にとってはどうでもいいことなのだ。彼はその思想を否定したり押しつけたりしないし、どの思想がいいとか、どの思想がわるいとか、よりわけたりしない。彼は、ただ、そういういろいろな思想があるのだということを素直に認めさせようとするだけなのである。

そして、トリュフォーは「これぞ映画のなかの映画」と称賛する『ゲームの規則』（一九三九）のなかでジャン・ルノワール自身が演じるオクターヴという人物の言う「この世にはおそろしいことが一つある。それは、人間一人ひとりが正しい言い分を持っているということだ」というせりふを引用しています。

トリュフォーはジャン・ルノワールの映画の思い出から、たとえば『牝犬』（一九三一）のデデという、やくざというか、女のひもの役を演じたジョルジュ・フラマンを『大人は判ってくれない』（一九五九）でアントワーヌの悪友ルネの父親の役に起用したり、『ゲームの規則』の浮気な小間使リゼットを演じたポーレット・デュボストを『終電車』（一九八〇）でカトリーヌ・ドヌーヴの衣裳係の役に起用して、ルノワールに敬意を表しています。

第10章　マックス・オフュルスと女性映画

マックス・オフュルスは、トリュフォーの映画にいろいろな形で影響を与えていますが、とくに『ピアニストを撃て』（一九六〇）のニコル・ベルジェの自殺のシーンはオフュルスの『快楽』（一九五二）の第三話のシモーヌ・シモンの自殺のシーンのほとんど再現、引用と言っていいと思います。『快楽』はモーパッサンの三本の短篇小説をもとにしたオムニバス映画ですから、第三話（「モデル」）のシモーヌ・シモンの飛び降り自殺も原作にあるものですが、トリュフォーの『隣の女』（一九八一）に出てくる老婦人がむかし絶望して飛び降り自殺を図って脚を折り、不自由な身になったという思い出話をするところは、『快楽』のマックス・オフュルスにはるかにトリュフォーなりの敬意を表した言及なのかもしれません。トリュフォー自身は、ニースの貸衣装店の老婦人から、彼女がかつて恋のために飛び降り自殺を図ったことがあるという身の上話を聞いて、その実話からヒントを得てつくった人物が『隣の女』のジューヴ夫人だったと語っています。そして、あのステッキをついて歩く姿はジャン・ルノワールのイメージも重ねていたかもしれないとも語っています。ジャン・ルノワール監督は、第一次大戦の戦場で脚に怪我をして、それからずっと生涯、軽く足をひきずっていたとのことです。しかし、『隣の女』のジューヴ夫人がマッ

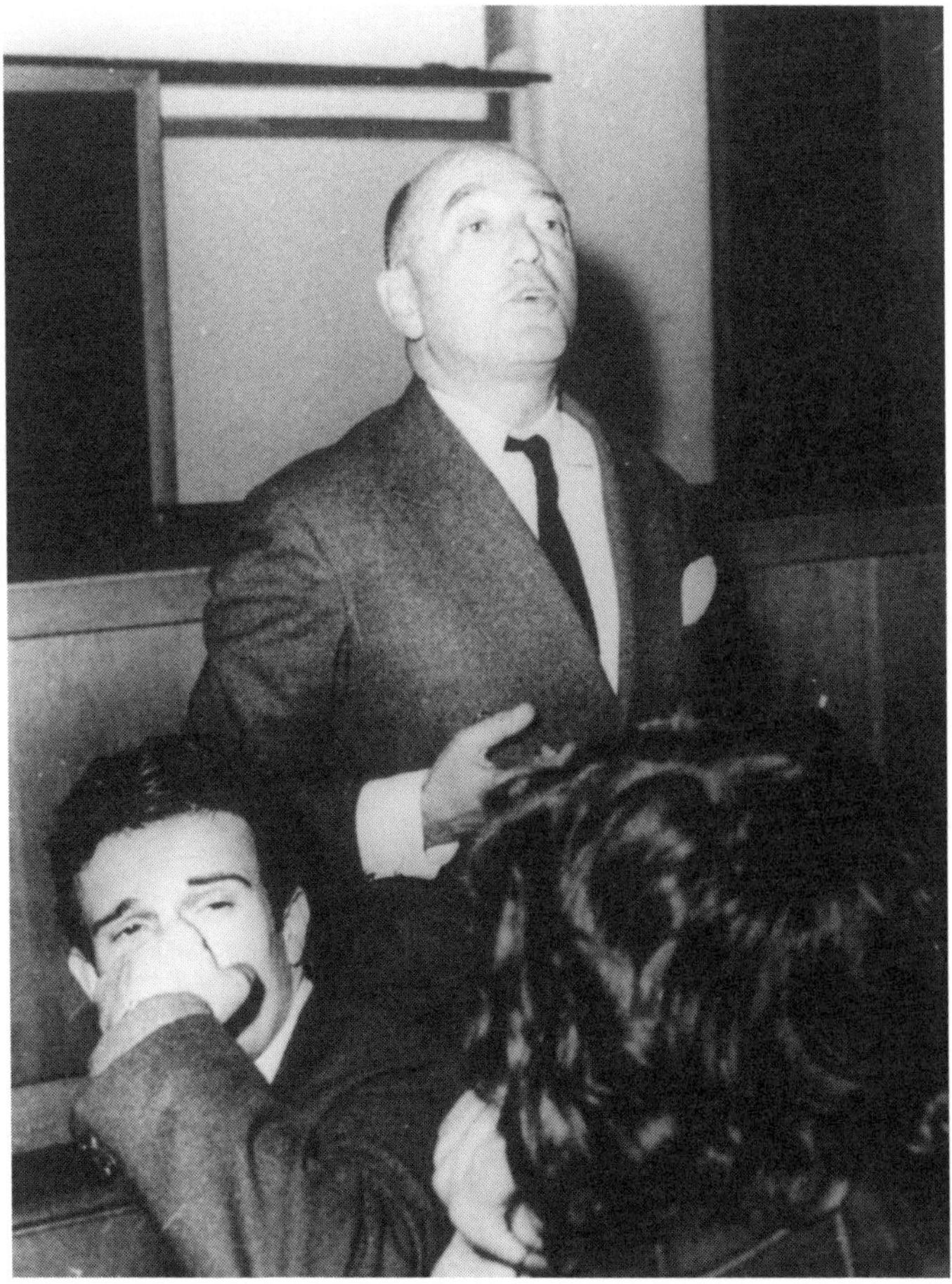

マックス・オフュルスとともに（手前がフランソワ・トリュフォー）

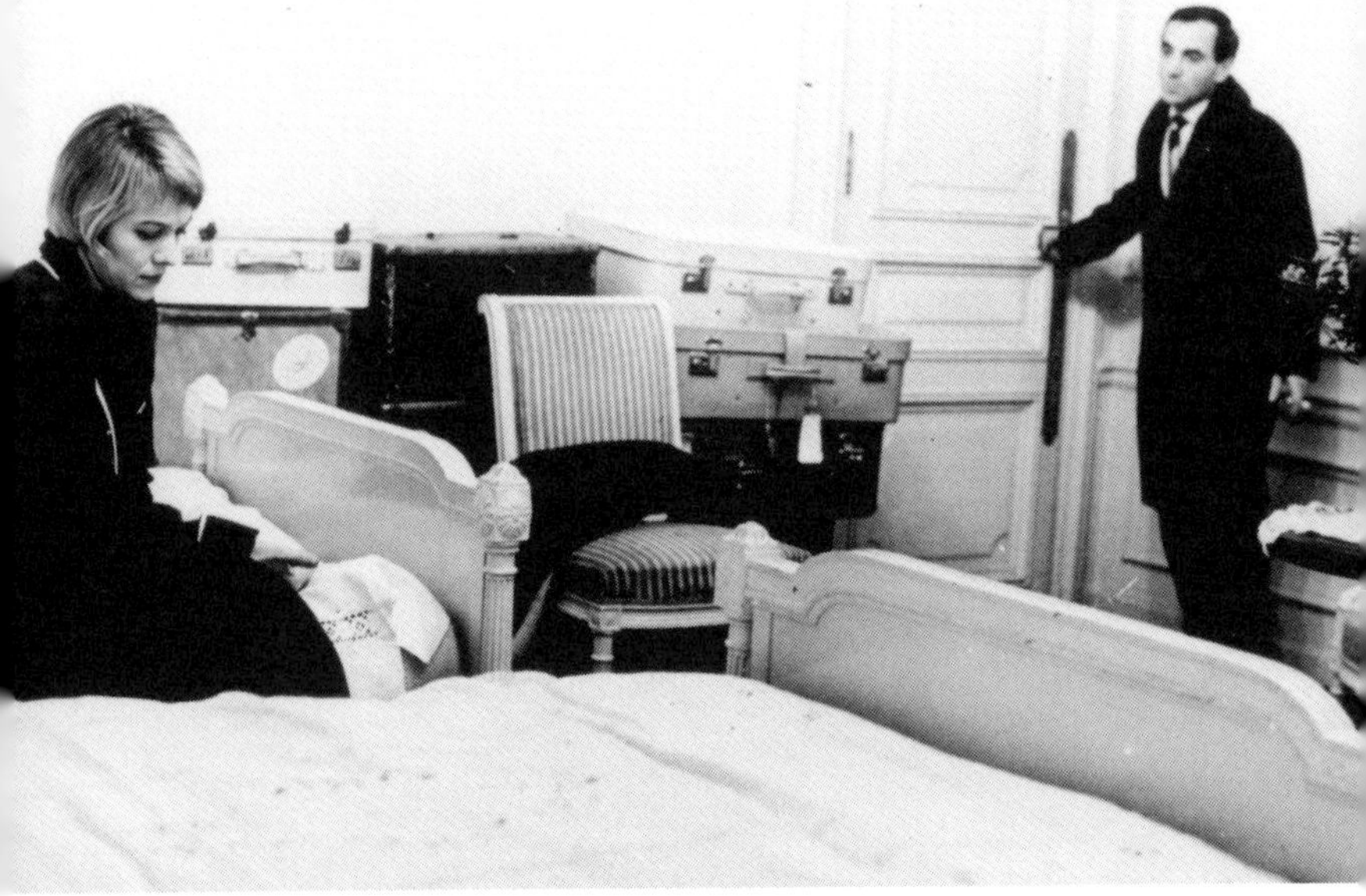

『ピアニストを撃て』ⒸMK2/DR
ニコル・ベルジェとシャルル・アズナヴール

クス・オフュルス監督の『快楽』の飛び降り自殺を図ったシモーヌ・シモンのその後というか、その延長線のイメージとしてとらえるほうが、映画的にはおもしろく、すばらしいような気もします。

マックス・オフュルスはユダヤ系のドイツ人で、ベルリンで映画監督としてデビューし、『恋愛三昧』（一九三三）などで注目されるが、ナチス・ドイツに追われるように亡命して一九三八年にフランス国籍を取るものの、一九四〇年にパリがナチス・ドイツに占領されると、スイスに逃れてハリウッドに渡り、アメリカ時代にも『風雲児』（一九四七）とか、『忘れじの面影』（一九四八）とか、『無謀な瞬間』（一九四九）とか、すばらしい作品を撮っているのですが、トリュフォーは、戦後フランスに帰ってからのマックス・オフュルス監督作品、『輪舞』（一九五〇）、『快楽』、『たそがれの女心』（一九五三）、そして遺作となる『歴史は女で作られる』（一九五五）を重要視し、ジャン・ルノワールとともに最も偉大なフランスの映画作家とみなしていました。批評家時代、一九五七年にマックス・オフュルスがドイツのハンブルグで病死したときも、週刊紙「アール」（一九五七年四月三日号）に「マックス・オフュルスの死とともにわれらの最良の映画作家を失う」という追悼文を書いています。「カイエ・デュ・シネマ」誌

（一九五四年一月第31号）に掲載された名高い論文「フランス映画のある種の傾向」の余白にも、「作家」マックス・オフュルスについて、「『恋愛三昧』から『忘れじの面影』をへて『たそがれの女心』まで、ドイツ、アメリカ、フランスと世界の撮影所で、やさしくて残酷な、華麗で簡潔なスタイルをつらぬいてきた」と力強く記しています。そして、マックス・オフュルスを真の女性映画の監督と定義しています。マックス・オフュルス監督の作品は、まさしく「女性に捧げられた映画」であり、それも「男の視点ではなく、女の視点を自分のなかにとりいれた」稀有なシネアストであることを強調しています――「ジャン・ルノワールが彼の映画のヒロインたちをその相手役の男性の眼をとおして描いているのに対して、マックス・オフュルスはむしろ女性の瞳に映った男たちを描こうとしているのである」と。これはイングマール・ベルイマンの女性映画を論じた批評（「わが人生の映画たち」）の一節ですが、オフュルスからベルイマンをへてトリュフォー自身の女性映画にもつらなる視点かと思われます。『隣の女』のなかで、ファニー・アルダンの夫の役を演じているアンリ・ガルサンが「男は愛については素人にすぎない。女は愛のプロフェッショナルだ」と語るのが印象的です。

第11章　ジャン・ヴィゴとともに

ジャン・ヴィゴは、映画を「天職」として選んだ世界最初の映画作家として、トリュフォーが信奉し、崇拝していた存在です。二十九歳でこの世を去った病弱の天才監督としてカルト的存在になり、ジャン・ヴィゴ賞という映画賞にその名をとどめています。ジャン・ヴィゴ賞は毎年、フランスの最も先鋭的な新人監督の作品に授与されますが、一九五九年のジャン＝リュック・ゴダール監督の『勝手にしやがれ』がたぶんなかでも最も有名な受賞作品でしょう。

ジャン・ヴィゴは世界で最初の自主映画作家と言っていいでしょう。ロシアからやって来たボリス・カウフマンという二十四歳のキャメラマンと組んで、二十三歳のときに『ニースについて』という、いまではアヴァンギャルド映画の名作として知られる短篇記録映画を撮ります。一九二九年のことです。南仏ニースの海岸通りにうごめく避暑客たちの人間模様を隠しキャメラで、というか、「不意打ち」の撮影で鮮烈にとらえた自主製作作品でした。ヌーヴェル・ヴァーグの原点のような作品です。当時のパリにはアヴァンギャルド映画専門上映館があって、『ニースについて』もヴィユー・コロンビエ座という小さな映画館で、「ジャン・ヴィゴとボリス・カウフマンの作品」として上映されました。

ボリス・カウフマンは、ロシアの有名な前衛的記録映画作家で『これがロシアだ』あるいは(別題)『カメラを持った男』(一九二九)などで知られるジガ・ヴェルトフ(本名デニス・カウフマン)のいちばん下の弟(三人兄弟でミハイル・カウフマンというやはり記録映画作家とともに異母弟)で、フランスではジャン・ヴィゴの映画のキャメラマンになります。『ニースについて』のあと、『水泳選手ジャン・タリス』(一九三一)と『新学期・操行ゼロ』(一九三三)と長篇映画『アタラント号』(一九三四)のキャメラを担当しています。ジャン・ヴィゴが亡くなったあとはフランス映画史から消えてしまうのですが、戦後になって、アメリカで、エリア・カザン監督の『波止場』(一九五四)のキャメラマンとしてアカデミー白黒撮影賞を受賞し、アメリカ映画史に浮上してくる。ハリウッドのキャメラマンとはまったく異質のニューヨーク派の映像をつくりだすのです。ボリス・カウフマンは一九六四年にジョージ・ロイ・ヒル監督の『マリアンの友だち』という独立プロの作品で、二人の少女が走りまわるところをコマ落としで撮ったりスローモーションで撮ったり、キャメラをひっくりかえして撮ったり(走り去っていく少女たちがそのまま逆さまの画面になります)、久しぶりにジャン・ヴィゴ時代の、『ニースについて』や『水泳選手ジャン・タリス』

や『新学期・操行ゼロ』のころの奔放なキャメラ・ワークをたのしんでいるのが印象的でした。ジャン・ヴィゴの映画とジョージ・ロイ・ヒル（周知のように一九六九年には『明日に向って撃て！』、七三年には『スティング』を撮る監督です）の自主映画をつづけて見ると、ボリス・カウフマンのキャメラ・ワークだけでも心ときめくたのしさです。

一九四六年のある土曜日の午後、十四歳のフランソワ・トリュフォーはアンドレ・バザンと「ラ・ルヴュ・デュ・シネマ」誌の主催するシネクラブで「ジャン・ヴィゴの二本の劇映画――ということは実質的に彼の全作品――を一挙に発見するという幸福を得た」と書いています。

上映会の前はジャン・ヴィゴという名前すら知らなかったわたしだが、二本合わせて二百分にもみたないジャン・ヴィゴの映画にたちまち心を奪われてしまった。

最初は『新学期・操行ゼロ』（四十四分の中篇だった）のほうに魅せられ、共感した。たぶん当時のわたし自身がこの映画に登場する悪童どもよりもほんの三、四歳上という年齢だったから、すっかり感情移入してしまったのだろうと思う。しかし、その後、何度も見直しているうちに、『アタラント号』（こちらは九十分の長篇だった）のほうが決定的に好きになり、いまでは、たとえば「あなたにとって世界の映画のベスト・テンは？」といった類の質問に答えるときにこの一本を忘れることは絶対にないというまでになった。（「ジャン・ヴィゴは二十九歳で死んだ」、「わが人生の映画たち」より）

映画づくりを描いた『アメリカの夜』（一九七三）では、ロケーションに出発した撮影隊が「ジャン・ヴィゴ通り」を通っていきます。実際に南仏ニースにある通りですが、キャメラは当然のようにしっかりと「ジャン・ヴィゴ通り」の標識《プレート》をとらえて「映画」への敬礼をするかのように挨拶をするのです。

長篇映画第一作の『大人は判ってくれない』（一九五九）には『新学期・操行ゼロ』へのあからさまなオマージュがたのしく、おおらかに表されています。教室から出て街中を一回りする「散歩」の体操レッスンのシーン――『大人は判ってくれない』では体育の先生だけが呼子の笛を調子よく吹きながらまじめに一所懸命、張り切って出発進行するだけで学童たちは次々に横道にそれていくのですが、『新学期・操行ゼロ』ではすべてに放

上／『アメリカの夜』のジャン・ヴィゴ通り
下／『新学期・操行ゼロ』のジャン・ダステ ©DR

任主義の先生（ジャン・ダステ）だけが勝手にあちこち野放図に散歩しつづける。このまったく教育家らしくないアナーキーで自由奔放なジャン・ダステ先生が休み時間の校庭の片隅で学童たちを監視するどころか、ひとりステッキを持ってチャップリンのあひる歩きをまねしてみせるところも愉快です。校外遊歩どころか、校内でもデタラメで遊んでばかり。

ジャン・ダステは『アタラント号』の若い船長の役も演じています。相手役（新婚の妻）になるディタ・パルロはそのあとジャン・ルノワールの『大いなる幻影』（一九三七）にも出演します。

トリュフォーは、『アタラント号』のディタ・パルロとジャン・ダステが別れ別れになって「おたがいのイメージを抱き合って身悶える」シーンの「心がふるえる」美しく官能的なシーンについて、書く手ももどかしいくらいに息せききって書き綴ります。

……ふたりが別々に、それぞれのベッドで――男は船室のベッドで、女は安ホテルのベッドで――ともに愛にもだえつつ寝返りを打つ姿を交互にカットバックで見せるあの忘れがたいシーン、モーリス・ジョーベールのすばらしい音楽が最高の効果を上げているあのシーン、まさに、はなればなれのふたりがセックスをおこなう姿を描いた肉感的で情感あふれる、あの美しいシーンに比肩しうる映像はない。(「わが人生の映画たち」、前出)

ジャン・ダステは一九六〇年代にすでに現役を退いていましたが、トリュフォーはジャン・ヴィゴに敬意を表して、この俳優をもう一度よびだして、『野性の少年』(一九七〇)ではトリュフォーが演じるイタール博士に敵対するピネル教授の役に、『恋愛日記』(一九七七)では泌尿器科の医師の役に、『緑色の部屋』(一九七八)では新聞社の主幹の役に起用しています。

第12章

D・W・グリフィスと映画少年の夢

『アメリカの夜』（一九七三）はサウンド・トラックの波状のモジュレーションとともにクレジットタイトルが流れるというはじまりで、「アメリカ映画の父」D・W・グリフィス監督の『見えざる敵』（一九一二）でスクリーンにデビューしたリリアン・ギッシュとドロシー・ギッシュの姉妹スターに捧げられています。いわば、映画史への、映画そのものへのオマージュなのです。D・W・グリフィスは「アメリカ映画の父」であり「映画芸術の父」であり、映画少年時代からのトリュフォーの映画への愛の原点、映画そのものです。

クローズアップ、フェイド・イン、フェイド・アウト、オーヴァラップといったいろいろな映画技法を体系化して、映画芸術の基礎を築いたのがD・W・グリフィスでした。とくに、瞳孔が開くように画面の中心または一部からしだいに明るく拡がっていくアイリス・イン、逆に瞳孔を閉じるように画面を周囲からしだいに暗くしていって消していくアイリス・アウト（アイリス iris は眼球の虹彩の意からキャメラのレンズの絞りを意味します）はグリフィスの映画だけでなく、サイレント映画特有の技法で、トーキー以後もアニメーションやお伽噺のような映画には使われましたが、トリュフォーは『野性の少年』（一九七〇）や『恋のエチュード』（一九七一）のよ

『見えざる敵』 リリアン・ギッシュとドロシー・ギッシュ

『アメリカの夜』のメインタイトルと
クレジットタイトルから ©DR

うなコスチュームものでは、とくに意識的に、印象的に、アイリス・イン、アイリス・アウトを使っています。D・W・グリフィス的な古めかしい、古典的なスタイルにこだわったのだと思います。「かならずしもD・W・グリフィスやサイレント映画へのノスタルジーというわけではありませんが、サイレント映画ならではの手法を意識したことはたしかです」とトリュフォーはこんなふうに語っています（「トリュフォー最後のインタビュー」、前出）。

アイリス・イン、アイリス・アウトは、お伽噺ふうに物語を展開するサイレント映画特有のリズム、語り口を感じさせる手法なのです。グリフィスの映画のように、古くさいけれども捨てがたい魅力のある映画的手法ですからね。

それに、フィルムを直接傷つけずにシーンとシーンをつなぐ唯一の手法がアイリス・イン、アイリス・アウト、でした。いまでは、現像所でオプチカル処理されますが、撮影のネストール・アルメンドロスが言うには、オプチカル処理されたフィルムは一種のデュープ（複製）であって、自分の手で撮ったオリジナルのネガとは違う。そこで、『野性の少年』以来、アルメンドロスとの仕事がはじまって、わたしの新しい本格的なキャリアがはじまったとも言えるのですが、わたしの映画のアイリス・イン、アイリス・アウトはすべて、キャメラのレンズの前にマスクを付けて、アルメンドロスが手ずから操作したもの、手製のテクニックなのです。(「シネ・ブラボー3　わがトリュフォー」、前出)

映画づくりの現場を描いた『アメリカの夜』には、トリュフォーのナイーブな映画への愛が描かれるこんなシーンがあります――トリュフォー自身が演じるフェラン監督が控室で作曲家のジョルジュ・ドルリューから電話をとおして映画のテーマ曲(じつは『恋のエチュード』の音楽の一部なのですが)を流してもらうあいだに、書店から注文した映画の本が届き、包みをひらくと、ルイス・ブニュエル、カール・ドライヤー、エルンスト・ルビッチ、イングマール・ベルイマン、ジャン＝リュック・ゴダール、アルフレッド・ヒッチコック、ロベルト・ロッセリーニ、ハワード・ホークス、ロベール・ブレッソン、ルキノ・ヴィスコンティ……とトリュフォーの敬愛する映画監督の研究書が次々と出てきます。フェラン監督が夜ごと

『アメリカの夜』　少年は『市民ケーン』のロビーカードを盗む

うなされて見る夢は、少年時代に映画館の立看板に貼ってあったオーソン・ウェルズの『市民ケーン』（一九四一）のスチール写真（ロビーカード）を盗んだ思い出です。『大人は判ってくれない』（一九五九）では、時代が一九五〇年代になっているので、アントワーヌ・ドワネル少年が映画館の壁からはがして盗むのはイングマール・ベルイマン監督の『不良少女モニカ』（一九五二）のスチール写真です。映画少年の夢をずっとトリュフォーは映画のなかでも見つづけていたわけです。

第13章

ハワード・ホークスと映画的ジャムセッション

ハワード・ホークスは、トリュフォーに言わせると「映画芸術の父」「アメリカ映画の父」D・W・グリフィスの真の後継者としてジョン・フォードとならぶ巨匠であり、それにイギリスからアメリカに行ったアルフレッド・ヒッチコックやオーストリア／ドイツからアメリカに渡ったエルンスト・ルビッチとフリッツ・ラング、それにたぶんイタリアからの移民の子だったフランク・キャプラを加えて、トリュフォーにとっての「アメリカ映画」の、ハリウッド映画の、五大あるいは六大巨匠ということになるのですが、「奇跡のような」映画的瞬間に次から次へと立ち合わせてくれるハワード・ホークスの映画の、その「奇跡のような」映画的瞬間の一つが、あの見事なジャムセッションというか、宴のシーンと言えます。

『コンドル』（一九三九）ではラテン・バンドの演奏をバックに、ジーン・アーサーがピアノを弾き、ケーリー・グラントが調子よく、というか、まさに調子に乗って、「ピーナッツ！」とときどき声を張り上げる「ピーナッツ売り《ヴェンダー》」の名場面。

『脱出』（一九四四）ではホーギー・カーマイケルがピアノを弾いて歌い、そこにローレン・バコールが入ってつづけて歌い、デュエットになる「アム・アイ・ブルー」のすばらしい魅惑のナンバー。

上／『脱出』ホーギー・カーマイケルとローレン・バコール
下／『突然炎のごとく』ボリス・バシアクとジャンヌ・モロー

『リオ・ブラボー』(一九五九)ではディーン・マーティンが「ライフルと愛馬」を歌い、リッキー・ネルソンがギターを弾きながらリフレインを歌い、ウォルター・ブレナンがハーモニカの伴奏をつけるうっとりするようなひととき。そのあと、リッキー・ネルソンの音頭取りで「シンディ」を三人そろって高らかに合唱というたのしさです。『ハタリ!』(一九六二)ではエルサ・マルティネリが「スワニー河《リヴァー》」をジャズ・ピアノで弾きはじめ、そこにレッド・バトンズがハーモニカを吹いて加わるという愉快で粋なジャムセッション。グループのリーダーであるジョン・ウェインは、『リオ・ブラボー』でも、『ハタリ!』でも、そんなジャムセッションにはしゃいで和気あいあいのいたずらっ子たちをニコニコしながらやさしく見まもる父親、というより母親のような感じです。

このような映画のストーリーとは直接関係のない即興的なお遊びのシーンは、映画の流れを中断することになるので、めったに成功しないのですが、ハワード・ホークスの映画はまるでジャズの演奏におけるジャムセッションのようにドラマを盛り上げることに見事に成功している、まさに「奇跡のような」稀有な例です。このような、ある種の気晴らしのシーンは、すでにD・W・グリフィス以来の、緊迫したプロットのなかにあえて笑いやお遊びにあふれた、いわば弛緩した、マキノ雅弘監督はよく「ダレる」という言いかたをしていましたが、この気がゆるんだ、弛緩した、ダレるシーンをあえてつくって、嵐の前の静けさならぬ、あるいは革命前夜の甘い生活ならぬ、決闘や決戦を控えての前夜祭の余興というか、次にくるシーンをさらに緊迫感を盛り上げるための手段だったのです。サム・ペキンパー監督の西部劇『ワイルドバンチ』（一九六六）のラストの血みどろのバイオレンス・シーンに向かう前の一時の安らぎの忘れがたい名場面なども思いだされます。実際にそうした危機的な安らぎの瞬間の演出をうまくやってのける監督はきわめてまれです。とくにストーリーを一時中断した形で、しかも映画のプロットがくずれずにつながっているハワード・ホークス的な幸福なジャムセッションを演出するのは大変な力業かと思われます。トリュフォーは『突然炎のごとく――ジュールとジム』（一九六二）で見事にハワード・ホークス的ジャムセッションにつらなる「奇跡のような」映画的瞬間を生みだすことに成功しました。ジュールもジムも小さな娘サビーヌもそろって「天使が通った」一瞬の沈黙のあと、ジャンヌ・モローが「つむじ風」を歌う、至福のシーンです。ゴダールは『突然炎のごとく――ジュールとジム』のこのシーンに刺激されて、『気狂いピエロ』

（一九六五）では「つむじ風」の作詞作曲をしたセルジュ・レズヴァニ（ボリス・バシアクの別名でも知られる）にアンナ・カリーナのために二曲、「一生愛するとは言わなかったわ」「あたしの運命線」の作詞作曲を依頼したとのことです。しかし、ゴダールとアンナ・カリーナには『女と男のいる舗道』（一九六二）と『はなればなれに』（一九六四）のミシェル・ルグラン作曲の、河原晶子氏ふうに言えば「ブラス・セクションがジャジーなスリルをも感じさせる」ジュークボックス的な踊る音楽のほうがぴったりで、忘れがたい二つの名場面が生まれました。『女と男のいる舗道』でアンナ・カリーナがカフェの二階のビリヤード室でジュークボックスの音楽に合わせてひとり踊りまくるところ、『はなればなれに』ではアンナ・カリーナが二人の男友だち、サミー・フレーとクロード・ブラッスールといっしょに、やはりカフェのなかでジュークボックスの音楽に合わせて踊るところに、すばらしい映画的瞬間を生みだしています。このゴダール的ジュークボックスのシーンは、ベルナルド・ベルトルッチに受け継がれ、『暗殺の森』（一九七〇）ではステファニア・サンドレッリが、『魅せられて』（一九九六）ではリブ・タイラーが、ジュークボックスの音楽に合わせて踊る見事な即興的シーンがあります。『ルナ』（一九七九）ではベルトルッチの少年時代のような、まさにベルトルッチの分身としか思えないマシュー・バリー少年がカフェのジュークボックスの音楽に合わせて踊る美しいシーンがあります。ハワード・ホークスからヌーヴェル・ヴァーグにつながる映画的伝統をベルトルッチが見事に踏襲していることがわかります。

トリュフォーの『突然炎のごとく――ジュールとジム』が一九六〇年代のアメリカ映画に大きな影響を与えたことはよく知られていますが、ジョージ・ロイ・ヒル監督の西部劇『明日に向って撃て！』（一九六九）などもその典型的な一例でしょう。ジュールとジムとカトリーヌの「純愛の三角関係」がポール・ニューマンのブッチ・キャシディとロバート・レッドフォードのサンダンス・キッドとキャサリン・ロスのエッタに――いちおうアメリカ映画らしく男のほうが優位にあつかわれてはいますが――そっくり生かされています。ポール・ニューマンが西部に初めて登場した自転車にキャサリン・ロスを乗せて軽やかに走るシーンにビリー・J・トーマスが歌うバート・バカラック作曲の「雨にぬれても」が流れるところも、ジャンヌ・モローが「つむじ風」を歌うシーンを踏襲したバリエーションでしょう――ポール・ニューマンが愉快な自転車の曲乗りをやってみせるところはハリー・ラングドンのサイレント喜劇『初恋ハリイ』（フランク・キ

上／『三つ数えろ』のハンフリー・ボガート ©DR
下／『日曜日が待ち遠しい！』のファニー・アルダンとジャン=ルイ・トランティニャン ©MK2/DR

ャプラ監督、一九二七、だったか?)のパロディーですが！　ハワード・ホークス的ジャムセッションがトリュフォーをへて、こんな形で生きているような気もします。つづけて見ると映画史的な流れも感じとれてたのしくなります。

ハワード・ホークスの映画、なかでも『三つ数えろ』(一九四六)が大好きだったトリュフォーは、この映画のなかでハンフリー・ボガートが「おや」「はてな」といった一瞬の疑念を示すときや考えごとをするときに耳たぶを指でつまむくせがあるのですが、このしぐさを批評家時代からおもしろく注目していて(「ハンフリー・ボガートの肖像」、「わが人生、わが映画」所収)、『日曜日が待ち遠しい！』(一九八三)ではファニー・アルダンに同じしぐさをやらせています。ジャン＝ルイ・トランティニャンがそれを見てイライラして、「耳たぶをつまむくせはやめろ」なんてどなります。単なるめくばせのパロディーでしかないとしても、いかにもいたずら好きのトリュフォーらしいギャグです。

トリュフォーは『隣の女』(一九八一)でも、ファニー・アルダンにハワード・ホークス的ギャグをたのしく演じさせています。ガーデンパーティーでドレスが椅子にひっかかって、するっとすべり落ちるようにぬげて

『隣の女』のガーデンパーティー。右がファニー・アルダン ©MK2/DR

しまうところ。ハワード・ホークス監督の『赤ちゃん教育』（一九三八）で、キャサリン・ヘップバーンのドレスの裾をケーリー・グラントが踏んづけてしまい、ドレスのうしろ、お尻のあたりがすっぽりすべり落ちて、下着がはだけてしまうところのパロディーです。ハワード・ホークス監督はのちに『男性の好きなスポーツ』（一九六四）でも、ロック・ハドスンのネクタイがマリア・パーシーのドレスの裾にからまって大騒動になるという、同じギャグをおもしろおかしく見せてくれます。

『日曜日が待ち遠しい！』には、ハワード・ホークス監督の『僕は戦争花嫁』（一九四九）のちょっとしたギャグを再現してたのしむシーンもあります。ファニー・アルダンが娼婦に化けて（この娼婦の格好が一九四四年のロバート・シオドマーク監督のフィルム・ノワール『幻の女』のエラ・レインズにそっくりです）売春組織の根城に忍び込み、化粧室に隠れるのですが、内側のドアのノブがはずれてしまって出られなくなる。『僕は戦争花嫁』では、やはりドアのノブがこわれて、ケーリー・グラントがアン・シェリダンの寝室から出られなくなってしまう（「でも信じてもらえないだろうな」とケーリー・グラントはあきらめ顔です）、この、なんともバカバカしくおかしなギャグにトリュフォーなりにちょっとめくばせしている感じです。

第14章

トリュフォーを通じて フランス映画とアメリカ映画が遭遇し、交流、交信に成功する

それは、たぶん、よしあしはともかく、レイ・ブラッドベリのSF小説との遭遇からはじまったようです。身の程知らずの冒険に挑んだかのように御難つづきだったなどと言っては失礼かもしれないけれども、一九六〇年代のフランソワ・トリュフォーは運と不運にふりまわされます。しかし、それは知られざる豊饒な映画史の裏面を見る思いもします。やっと映画化にこぎつけた『華氏451』（一九六六）の撮影に入るときの感慨をトリュフォーは日記にこう書き綴っています。

いよいよ明日はクランクインだ。この三年間、ブラジリア、ストックホルム、トロント、シカゴ、ムードンと世界各国の都市をめぐって、そこに舞台を想定し、写真を撮り、ロケハンをしてきたというのに、結局は、ロンドン郊外にあるパインウッド撮影所とその周辺で撮影されることになった『華氏451』。未来のイギリス映画である。（「ある映画の物語」、前出）

その間に――『華氏451』の企画の実現に手間取っているときに――アメリカ人のロバート・ベントンとデイヴィッド・ニューマン（のちに映

画監督になるふたりですが、当時はニューヨークの「エスクァイア・マガジン」誌の特集記事をコンビで担当しているジャーナリストだった）が書いた一本のシナリオがトリュフォーのもとに持ち込まれます。一九六二年にニューヨークで公開された『突然炎のごとく――ジュールとジム』（一九六一）を見て「フランス的なデリカシーとアメリカ的なバイタリティーが混ぜ合わさった」トリュフォーの映画に感動した二人の映画狂のジャーナリストが、トリュフォーに映画化してもらうつもりで書いたシナリオでした。のちにアーサー・ペン監督によって映画化されてアメリカン・ニューシネマの時代の幕開けを告げることになる『俺たちに明日はない』（一九六七）のもとになった「ボニーとクライドのバラード」です。トリュフォーはシナリオを読んで一時はアレクサンドラ・スチュワルトとテレンス・スタンプの主演で映画化を考えたようですが、『華氏451』の企画を優先してあきらめざるを得ず、その後、レスリー・キャロン――ジーン・ケリーに発見されて『巴里のアメリカ人』（ヴィンセント・ミネリ監督、一九五一）以来ハリウッドで活躍していた――が恋人のウォーレン・ビーティ（その後ウォーレン・ベイティの表記になったりしますが、稀代の婚約魔といわれた色男のスターだった）とともにパリにやって来てトリュフォーを訪ねたとき、ふたりに「ボニーとクライド」の映画化をすすめる。ウォーレン・ビーティはシナリオを読んで大感激し、みずからプロデューサーになって映画化権を買い、ハリウッドの映画会社、ワーナー・ブラザースの世界配給に成功するのですが、その間にレスリー・キャロンとの関係が終わってしまうのです。ウォーレン・ビーティは、監督に『ミッキー・ワン』（一九六四）で初めていっしょに仕事をして意気投合したアーサー・ペンを起用することになり、アーサー・ペンのほうからボニー役にフェイ・ダナウェイが選ばれます。アーサー・ペンが野生児のようなヘレン・ケラー（パティ・デューク）と彼女に人間的なコミュニケーションの方法を教えこむ女教師アニー・サリヴァン（アン・バンクロフト）の感動的な物語を描いた『奇跡の人』（一九六二）の監督であり、トリュフォーが『野性の少年』（一九七〇）の前に『奇跡の人』（脚本はウィリアム・ギブスン）を撮る企画を立てたことがあったことを考えれば、この一見遠回りに見えるトリュフォー／アーサー・ペンの接近遭遇は単なる偶然ではなかったのかもしれません——残念ながらトリュフォーにとって「未来のアメリカ映画」にはならなかったけれども。

しかし、『野性の少年』で野生児の少年を育てるイタール博士の役を演じたトリュフォーを見たスティーヴン・スピルバーグ監督が『未知と

『未知との遭遇』©DR
上／スティーヴン・スピルバーグ監督とフランソワ・トリュフォー
下／ラストシーン、左がフランソワ・トリュフォー

の遭遇』（一九七七）の宇宙人との交信に成功するラコーム博士（ラコーム Lacombe は古い谷を意味するフランス語で、映画のなかでUFOは古い谷に降りてくる）の役をトリュフォーに出演依頼をするに至って、トリュフォーの「未来のアメリカ映画」はにわかに実現されることになるのです。スティーヴン・スピルバーグは、また、『未知との遭遇』の撮影後、トリュフォーに「きみは子供の映画を撮るべきだ」と言われ、『E．T．』（一九八二）を構想するきっかけになったと語っています（『E．T．』のDVD特典映像）。

トリュフォーを通じてフランス映画とアメリカ映画が遭遇し、交流、交信に成功する、ささやかながら注目すべき映画史の一ページと言えるでしょう。

第15章

オーソン・ウェルズのパン・フォーカスとフェイク

オーソン・ウェルズは、二十五歳のときにハリウッドに招かれ、助監督の経験もなく、一九四一年に『市民ケーン』という世界の映画史を書き変える偉大な処女作を撮って、ヌーヴェル・ヴァーグの模範になった監督です。映画づくりを志す世界中の若者に「助監督根性」を捨てて一気に「やる気」を起こさせたのだとトリュフォーは述べています。

もちろん、オーソン・ウェルズは単なる素人ではなく、演劇人、放送作家としては早くからワンダー・ボーイつまり神童とうたわれていた。一九三八年のラジオ・ドラマ「火星人襲来」では、番組を途中で切って臨時ニュースからはじめるという度肝を抜く形式でアメリカ中をパニックにおとしいれるという怪物的天才だった。だからこそハリウッドに招かれるのですが、その誰にもまねできないユニークな天才ぶり以上に、その「不敵な若さ」に共感し、刺激されたのだとトリュフォーはさらに言います。

十代のトリュフォーはオーソン・ウェルズの『市民ケーン』のスチール写真を映画館から盗んで（そのエピソードは一九七三年の『アメリカの夜』のなかに描かれています）、とくにオーソン・ウェルズが新聞社のなかで自信にあふれた感じで立っている姿を俯瞰でとらえた写真をブローアップ（拡大）して部屋の壁に飾っていたそうです。

『市民ケーン』©DR
オーソン・ウェルズの「不敵な若さ」

「市民ケーン――傷つきやすい巨人」という文章のなかで、トリュフォーはたとえばこんなふうに書いています。

ここでちょっぴりわたし自身の独学の打明け話をさせていただくと、パリ解放後の一九四六年、わたしは十四歳だったが、すでに学業のほうはストップしてしまっていたので、まったくオーソン・ウェルズの映画をとおして、シェイクスピアを発見し、『市民ケーン』の音楽を作曲したバーナード・ハーマンに熱狂し、次いでバーナード・ハーマンが大きな影響をうけたというストラヴィンスキーの音楽を聴くようになったのだった。（「わが人生の映画たち」、前出）

オーソン・ウェルズのきわだった手法にパン・フォーカスとワンシーン＝ワンカットがあります。パン・フォーカスは広角レンズを使って画面の手前から奥深くまでフォーカス（つまりピント）の合った画面づくりで（英語では deep focus《ディープ・フォーカス》と言います）一つの構図のなかにいっきょに全体をとらえてうつす方法、ワンシーン＝ワンカット（フランス語では plan-séquence、英語では sequence shot あるいは単に long take）はシーンをこまかくカット割りせずに、キャメラの長回しでいっきょにすべてをとらえて、俳優の演技の緊張感などをそのまま持続させる撮影技法です。因みに、パン・フォーカスは和製語として「短焦点レンズや小さな絞りを用いて、近景から遠景までピントの合った画面を作る撮影方法」と「広辞苑」にも定義されています。

モンタージュこそ映画の基礎と思われていた常識をくつがえした画期的な映画づくりで、アンドレ・バザンは「オーソン・ウェルズ」（邦訳は堀潤之訳、インスクリプト）という一冊の本を書いて、モンタージュは映画の基本ではないこと、モンタージュ理論の基盤になったいわゆるクレショフ効果、つまり、カットとカットを組み合わせることによって初めて意味が生ずるのだというクレショフ効果というものは単なるごまかし、トリックにすぎず、じつは、本当に描きたいものがずばり描かれていて画面そのものにインパクトがあればワンカットでいいのであり、そのワンカットの力こそ映画の基本であることを強調しました。このワンシーン＝ワンカット／反モンタージュ論が、ヌーヴェル・ヴァーグの理論的支柱になります。『市民ケーン』のパン・フォーカスとワンシーン＝ワンカットを合わせた見事なシーン、雪のなかで一人の少年がソリで遊んでいる情景をとらえたキャメラがそのままトラックバックしていき、窓から室内に入って、少年の父親と母親と、少年を代理人の養子としてひきとりにきた弁護士の三人が話し合うところをとらえ、その構図の奥のほうに窓から外の雪のなかで遊ぶ少年の姿がきちんとフォーカスの合った鮮明さでうつっているという、何度見ても驚異的なキャメラ・ワーク、『偉大なるアンバーソン家の人々』（一九四二）のキャメラの長回しの緊迫感と移動撮影の数々。そして、そのヌーヴェル・ヴァーグへの影響、たとえばジャン＝リュック・ゴダールの『勝手にしやがれ』（一九五九）のジャン＝ポール・ベルモンドとジーン・セバーグがパリのシャンゼリゼ大通りの歩道で話し合うところ、そしてトリュフォーの『華氏451』（一九六六）のモンタージュ（オスカー・ウェルナー）とクラリス（ジュリー・クリスティ）がモノレールのなかで知り合って同じ駅で降りて歩きはじめるところなどを見れば、カットを割らずにワンカットでとらえることの緊張感とともに単純に効率よく映画を撮ることの力強さや快感がよく伝わってくると思います。

どちらもワンカットの長回し撮影（つまりlong take）ですが、『勝手にしやがれ』は隠し撮りで、キャメラマンのラウル・クタールが郵便物を運ぶ荷車のなかにキャメラとともに隠れ、それをゴダールが押しながら、ジャン＝ポール・ベルモンドとジーン・セバーグにせりふを、舞台の陰で俳優にせりふを伝えるプロンプターのように口伝えで教えるという撮りかたでした。ロベルト・ロッセリーニのように、イタリア式に、ネオレアリズモ式に、すべてアフレコで、同時録音ではなかったので、そんなプロンプター方式が可能だったわけです。『華氏451』の場合は、オーソン・ウェルズの『市民ケーン』や『偉大なるアンバーソン家の人々』と同じように、ハリウッド方式というか（『華氏451』はイギリス映画ですが、ハリウッドのメジャー会社、ユニヴァーサルによって世界配給されました）、同時録音撮影なので、リハーサルやテストをきちんとやったうえでのワンシーン＝ワンカットです。キャメラ・リハーサルと演技リハーサルを何度もやってテストを重ねたうえ、本番に入るわけですが、もしカットをこまかく割って撮っていたら三日も四日も、ときには一週間もかかるところを一日で撮れるという利点もあったとのことです。

オーソン・ウェルズのワンシーン＝ワンカットで最も有名なのは、『黒い罠』（一九五八）のはじまりの息もつかせぬダイナミックなワンシーン＝ワンカットです。キャメラを同じ位置に置いたまま、つまりフィックスで長回しするというのではなく、クレーンと移動車を使ったものすごいワ

『オーソン・ウェルズのフェイク』©DR

ンカット撮影です。夜、駐車場の一台の高級自家用車の後部のトランクに何者かによって時限爆弾が仕掛けられるところから、男と女がこの自家用車に乗りこみ、そして走りだして大通りに出て、その間、画面にはスタッフ・キャストのクレジットタイトルが出るのですが、そこはメキシコで、自家用車が国境を越えたとたんに爆発するまで、すべてワンカット撮影です。移動車付きの長い、長いクレーン・ショットです。キャメラは、家並をとおして見えつ隠れつ走る自家用車を、まるで空中を駆けるように追いかけ、大通りに出ると、自家用車の前方を走るかと思えば、追いつかれ、またひきはなしては、国境の検問所でとまる、といった流れるような、めくるめくような、息もつかせぬダイナミックな撮影です。

流れるようなリズムはオーソン・ウェルズのすべての映画の特色で、その見事なキャメラ・ワークによるワンシーン＝ワンカットの撮影だけでなく、それとは対極的に編集のうまさにも見出されます。フィルムつなぎとしての編集というより、画と音をつないで、つまりはモンタージュによって、おもしろい映画をつくりあげる名人芸と言うべきかもしれません。『オーソン・ウェルズのフェイク』（一九七五）など、まさにモンタージュの傑作です。まず、オーソン・ウェルズ自身が登場して、子供たちを相手に手品をやってみせる。これからお見せするのはこんな手品のようなものですよ、というわけでしょう。実際、オーソン・ウェルズは魔術師でもあったのですが、『オーソン・ウェルズのフェイク』のモンタージュはまさに魔術さながらのトリックの連続です。たとえば、ピカソやらモジリアニやら、有名な画家たちの贋作つまりフェイクの天才といわれた偽画家エルミア・デ・ホーリーと、ハワード・ヒューズの偽伝記を書いて世間を騒がせたクリフォード・アーヴィングと、そしてオーソン・ウェルズの三人が、おたがいに会ったこともないのですから、いっしょに話し合うといったシーンなどありえないわけですが、それが見事なモンタージュで映画のなかでは三人が歓談するといったぐあいです。オーソン・ウェルズはじつはエルミア・デ・ホーリーにもクリフォード・アーヴィングにも撮影のためにすら会っておらず、撮影したのはフランソワ・レシャンバックなのですが、それを手品のようにつなぎ合わせてしまった。モンタージュとはイメージとイメージの組み合わせ、音と音の組み合わせ、イメージと音の組み合わせですが、それが手品のトリックのようにフェイクであるばかりか、イメージそのものが、音そのものが、言葉そのものがフェイクと言ったらいいか。そもそも、イメージの語源がイミテーションつまり本物に似せた偽物のことであるという、まさにその意味でのフェイクなのです。すべてのカットがバラバラに撮られたイメージの断片なのに、巧妙に組み合わされ、モンタージュされて、ドラマチックな緊張感あふれる一本の映画に仕上げられたというわけです。オーソン・ウェルズは反モンタージュ映画の旗手であると同時に、だからこそ、モンタージュ映画の名手でもあったのです。

この『オーソン・ウェルズのフェイク』の至芸とも言うべき見事なモンタージュに、トリュフォーはヒントというより啓示をうけて、『逃げ去る恋』（一九七九）の構成と編集を考えたと語っています。『逃げ去る恋』は、『大人は判ってくれない』（一九五九）、『二十歳の恋／アントワーヌとコレット』（一九六二）、『夜霧の恋人たち』（一九六八）、『家庭』（一九七〇）というアントワーヌ・ドワネルを主人公にしたシリーズの総集篇というか、いわばアンソロジーで、回想シーンがふんだんに出てくるのですが、そのリズムはオーソン・ウェルズの言う絶え間ない「フィルムというリボンの流れ」を感じさせます。瞬間的に短く入るインサート（挿入）のカットや、動く画面が一瞬ふっと凍りつくように停止するストップモーション（これも和製語で、英語ではfreeze frame《フリーズ・フレーム》あるいはfrosen shot《フローズン・ショット》と言います——アニメーション用語のストップモーション撮影とは別です）も、ギャグや含み笑いのようなさりげない感じです。現在から過去へ、過去から現在へ移るタイミングなど、その基本的な編集の法則や話術の妙を『オーソン・ウェルズのフェイク』に学んだとトリュフォーはまるで新人監督のように告白しています。たとえば、過去の回想に入るとき、あるいは過去から現在に戻るときには、かならず人物がしゃべっている声によって画面をつなぐといった最も基本的なやりかたです。声がつづいているとイメージが途切れずに自然につながるというわけです。ちょっと話が飛ぶようですが、マキノ正博（のち雅弘）監督の『續清水港（清水港代参夢道中）』（一九四〇）のような、廣沢虎造の浪花節がつづいて夢のなかに入っていくというさりげなく、あまりにもあたりまえのようでありながら天才的な回想形式、流れるようなフラッシュバックの手法なども思いだされます。

第16章　チャップリンの影響？

チャップリンは、トリュフォーの作品に意識、無意識を問わず、その影響が見え隠れする存在です。トリュフォーの作品に意識、無意識を問わず、その影響を大なり小なりうけていないその後の世代の映画はほとんどないくらいでしょう。ただ、その影響を自ら認識し、自覚した初めての世代がヌーヴェル・ヴァーグだったのです。自らの作品に対しても批評家でありつづけた映画作家たちなのです。映画を撮る歓びと同時に、映画とは何かを問いつづける苦悩がヌーヴェル・ヴァーグのいわばポスト・モダン的な意味での「新しさ」であり、以後の映画史をよきにつけ、あしきにつけ知的に複雑化させていきます。

トリュフォーは『突然炎のごとく――ジュールとジム』（一九六一）のジャンヌ・モローにチャップリンの『キッド』（一九二一）のジャッキー・クーガンと同じ扮装をさせたのは意図的だったけれども（もっとも、そのときジャンヌ・モローの鼻の下にジムが口ひげを描いてやるところはアンリ＝ピエール・ロシェの原作にあるものでした）、『華氏451』（一九六六）の消防署のシーンで消防夫たちが中央の円柱をつたって昇り降りするときに、「円柱を片手でつかむと自動的に上に移動し、体をもちあげ、天井を抜けていく」というレイ・ブラッドベリの原作どおりに撮影するために「フィルムの

上／『キッド』のポスター
下／『突然炎のごとく――ジュールとジム』のジャンヌ・モロー

上／『チャップリンの消防夫』©DR
下／『華氏451』オスカー・ウェルナーの消防夫 ©DR

逆回転で円柱を一気に昇る方法」を使うことにしたものの、ふとチャップリンの古い短篇喜劇、ミューチュアル時代の『チャップリンの消防夫』(一九一六)を思いだし、気にかかって16ミリのプリントを借りてきて試写をして確かめてみたら、「案の定、五十年も前にすでにこの手が使われていた!」と感嘆と絶望の思いをこめて『華氏451』の撮影日記(「ある映画の物語」、前出)に書いています。

チャップリンへのめくばせはトリュフォーの長篇映画第一作『大人は判ってくれない』(一九五九)からすでに認められます。家出少年、アントワーヌ・ドワネルが夜の街をさまよい歩いたあと、空腹に耐え切れず、朝早く配達される牛乳を一びんこっそり盗んで、街角でごくごくと飲むときに、壁に貼られたいろいろな広告にまじってチャップリンの『黄金狂時代』(一九二五)の文字だけのポスターがチラッと見えます。フランス語のタイトルは英語の原題『The Gold Rush』に相当する『La Ruée vers l'Or』です。雪の小屋のなかで飢えた二人の男が、一方は相手がニワトリに見えるのでつかまえて食べようとし、他方はドタ靴を煮てボイルド・チキンのように切り、靴ひもをスパゲティのように食べ、靴の踵の裏を剝いでクギを抜き取り、細い骨のようにしゃぶったりします。飢えて狂った人間たちを描いた名場面です。「飢えを描いた映画作家はチャップリンだけではない。だが、飢えを現実に知っている映画作家はチャップリンだけである」とトリュフォーはチャップリン映画の悲惨の極限の笑いの秘密を分析しています（『わが人生の映画たち』、前出）。

また、チャップリンが創造した永遠の浮浪者チャーリーは反社会的な人間ではなく、ただ社会に適応できずにいて、いつも社会に入りこみたいと必死になっている人間なのだと分析したアンドレ・バザンの批評（『チャーリー・チャップリン』）を引用し、いわゆる自閉症を単なる精神障害とみなさずに「外界の現実に対する一種の自己防衛の精神的メカニズム」と分析したカナーやベッテルハイムの研究と理論に比較して、「アウトサイダー」としてのチャーリーを擁護しています。いわば、親に見放されてその意味で社会から疎外された不良少年が社会的に自己を回復するまでのトリュフォー自身の生きかたをそこに反映させているかのようです。

第17章

ジャック・タチとユロ氏登場
極楽コンビ（ローレル／ハーディ）とドタバタ喜劇

ジャック・タチは、もちろん、「ぼくの伯父さん」ことユロ氏です。トリュフォーの自伝的シリーズ（「ドワネルもの」）の『家庭』（一九七〇）にはユロ氏が引用されています。というよりも、ずばりユロ氏が登場するのですが、じつはジャック・タチ本人ではなく、ジャック・タチがかかえていた代役、影武者だったそうです。ジャック・タチはそんな代役、影武者を七人も雇っていたそうです。トリュフォーがジャック・タチに「ユロ氏をワンシーンだけ、登場させたいのですが……」と電話したところ、おかかえの代役を一人送ってきたとのことです。

トリュフォーは批評家時代の最も初期の名高い論文、「フランス映画のある種の傾向」のなかでも、ジャック・タチを絶讃していることはすでに述べたとおりです。

『家庭』では、たまたまジャック・タチがユロ氏の出てくる70ミリ作品『プレイタイム』（一九六七）を撮ったあと、あるインタビューで、「わたしはユロ氏をどこでも見かける。飛行場でも、レストランでも、どこでも見かける。ただ、残念ながら、映画でだけはお目にかかったことがない」と語っていたのを思いだし、「よし、ではわたしの映画でお目にかかれるようにしてみせようと思った」とのことです。まったく即興のアイデア

『家庭』ⒸMK2/DR
ジャン=ピエール・レオーの前に
ユロ氏登場

で、すぐジャック・タチに電話をして、特別出演を依頼したところ、ジャック・タチが養成していたそっくりさんの一人を派遣してくれたとのこと。そのお礼に、トリュフォーは『家庭』に『プレイタイム』の待合室のシーンとそっくりの雰囲気をつくりだしたり、『プレイタイム』にアメリカ人の実業家で観光客の役を演じていたビル・カーンズをそのままのスタイルでアメリカ人の社長の役に起用したりしています。『大人は判ってくれない』（一九五九）でクラスの担任教師を演じたギー・ドコンブルがかつてジャック・タチの『のんき大将脱線の巻』（一九四七／四九）にも出ていた俳優だったことなども思いだされます。

ドタバタ喜劇、とくにローレル／ハーディ（日本では極楽コンビとよばれました）のコメディーはサイレント末期からトーキー時代につづくもので、ゴダールもトリュフォーも、このチビではにかみ屋のスタン・ローレルとデブの大男で気むずかし屋のオリヴァー・ハーディの名コンビが大好きだったらしく、『勝手にしやがれ』（一九五九）では二人組の刑事、『ピアニストを撃て』（一九六〇）では二人組のギャング（どちらにもハゲ頭のダニエル・ブーランジェというシナリオライターが出ています）をローレル／ハーディのコンビに見立てています。もっとも、『ピアニストを撃て』の二人組のギャ

『夜霧の恋人たち』には中国人ふうのローレル／ハーディのお面をつけた男の子たちが…

極楽コンビ、ローレル／ハーディ ©DR

ングの役名は、ダニエル・ブーランジェがエルンスト・ルビッチをもじったようなエルネスト、クロード・マンサールがエリック・ロメールのニックネームと同じモモです。

トリュフォーの『突然炎のごとく――ジュールとジム』(一九六一)の冒頭のタイトルバックでドタバタ調にふざけ合うジュールとジムのコンビも、映画のなかでは二人の友情関係がドン・キホーテとサンチョ・パンサに比較されたりするのですが、冒頭の子供っぽいふざけ合いはサーカスやお祭り騒ぎを想わせる沸き立つような、爆笑気分のジョルジュ・ドルリューの音楽とともに、むしろ、スラップスティック・コメディーのローレル/ハーディを想起させます。

ゴダールの『ウイークエンド』(一九六七)の交通渋滞のハイウェイのシーンはローレル/ハーディのコンビの初期の傑作『極楽交通渋滞』(ジェームズ・パロット監督、一九二八)のずばりリメーク(かなり残酷な!)です。これは二本つづけて見てみるとよくわかります。

トリュフォーの『夜霧の恋人たち』(一九六八)にはローレル/ハーディのお面をそれぞれつけた小さな双子の兄弟が出てきたり、『家庭』(一九七〇)には夫婦のベッドでジャン=ピエール・レオーがクロード・ジャドの胸をのぞきこんで、二つの乳房の大きさが違う、「まるでローレル／ハーディだ」などとちょっと悪い冗談を言います。

おふざけの好きなトリュフォーは『ピアニストを撃て』では、即興的ジャズ奏法のホンキートンク・ピアノの軽やかなメロディーにのせて、さかんにダジャレ、冗談を飛ばします。音楽はこれ以後、名コンビになるジョルジュ・ドルリューです。二人組のギャングが車のなかでさんざんホラを吹き、「うそだろ」と子供（リシャール・カナヤン）に言われて、「うそじゃねえ。おふくろの命に賭けても！」と言うと、そのとたんにおふくろらしき老婆が卒倒するカットが一瞬入る爆笑のギャグがあります。

トリュフォーはエルンスト・ルビッチを「笑いの貴公子」と呼び、「笑う機会をないがしろにしてはならない」というルビッチの言葉をよく引用しています。「ドワネルもの」のユーモアは生活必需品のように不可欠な要素ですが、『私のように美しい娘』（一九七二）などはトリュフォーのダジャレやおふざけもちょっと度をすぎた感じかもしれません。とことんやりすぎてしまったというか……。

『柔らかい肌』（一九六四）では、「彼女はあくび《バイエ》した。私は彼女にさよなら《バイバイ》をした」というサッシャ・ギトリのダジャレの引用がジャン・ドサイのせりふに出てきますが、『ピアニストを撃て』のおふくろが突然倒れるギャグなどはそんなサッシャ・ギトリ的なダジャレに近いものかもしれません。

サッシャ・ギトリの映画はサッシャ・ギトリ自身のナレーションで俳優たちを画面に紹介するという洒落たクレジットタイトルからはじまるのですが、その形をナレーションの代わりに俳優たちの顔を円形に囲んで――エンドマークにもってきたのが、『恋のエチュード』（一九七一）や『私のように美しい娘』あたりからのトリュフォー作品に印象的な洒落っ気でもあり、舞台のカーテンコールのようなたのしさもあって、そんな雰囲気もサッシャ・ギトリやジャン・ルノワールへの、あるいはオーソン・ウェルズへのひそかなオマージュになっているかのようです。

第18章

ニコラス・レイと『大砂塵』への偏愛

ニコラス・レイは、トリュフォーの偏愛的映画作家です。とくに『大砂塵』（一九五四）は、ふつうの西部劇ファンには耐えがたい（というほどではないにしても、気恥ずかしい）、異様な、西部劇らしからぬ西部劇なのですが、西部劇ぎらいのトリュフォーにとっては唯一見るに耐える、いや、それどころか、「心から愛する」西部劇でした。『大砂塵』は「西部劇をさかさまにした物語」なのであり、「女のジョーン・クロフォードが拳銃をふりまわして男のようにふるまう」ところが現代的で感動的なのだと語っています。『暗くなるまでこの恋を』（一九六九）のなかで、ジャン＝ポール・ベルモンドとカトリーヌ・ドヌーヴが逃避行の最中に見る映画が『大砂塵』です。逃走中の犯罪者のカップルが映画館にわざわざ見に行って、感動して出てくるという、思えばじつに異常なシーンでした。カトリーヌ・ドヌーヴは心から感動し、ベルモンドは「そう、繊細で情感豊かな美しい恋愛映画だ」と言います。「恋愛映画だ」と断言できるような西部劇はたしかに珍しいと思います。

『突然炎のごとく――ジュールとジム』（一九六一）には『大砂塵』をそっくりそのまま再現したシーンがあります。ジャンヌ・モローが古いラブレターを焼くと、ネグリジェに火がついてしまい、あわてて、ジュール（ア

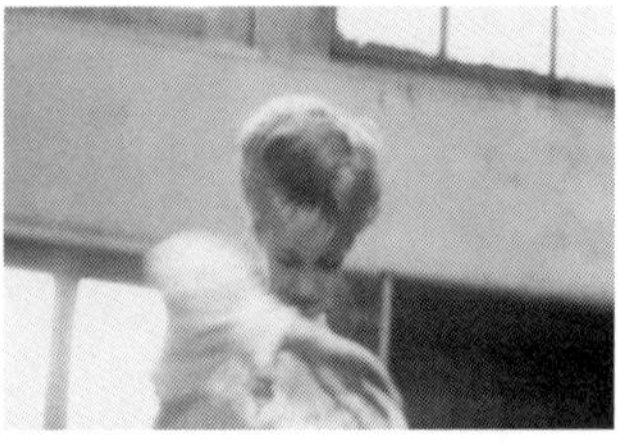

『突然炎のごとく――ジュールとジム』©DR
ジャンヌ・モロー

ンリ・セール）に消してもらうシーンですが、『大砂塵』ではジョーン・クロフォードの純白のドレスに火がついて、「ジョニー、助けて！」と彼女が叫ぶと、ジョニー・ギター役のスターリング・ヘイドンがあわてて火を消してやるシーン。なんとも奇怪で、気色の悪いほど倒錯的なエロチシズムです。大きな目玉をギョロつかせた年増のジョーン・クロフォードが恐怖に近い強烈な存在感で迫るからだと思います。

『大砂塵』は「詩的な西部劇」なのであり、「ジャン・コクトーを想起させる唯一の西部劇、感覚と情動の西部劇」なのだとすらトリュフォーは言うのです。「人生の苦渋や悲しみやノスタルジーにあふれ」、せりふも「リアルな会話でなく、古典悲劇のような強い情熱と感受性にみちた諧調のある長ぜりふ」で、「その点でもジャン・コクトーの『双頭の鷲』（一九四七）などを想起させる」し、「見事に様式化された美しい格調ある特殊な西部劇」なのだと言うのです（『わが人生の映画たち』、前出）。

『大砂塵』を何度も見ていたトリュフォーは、『華氏451』（一九六六）の撮影中に、突然、『大砂塵』にそっくりのシーンを撮っていることに気がついたそうです。消防隊員が老婦人（ビー・ダッフェル）の家に侵入すると、階段の上から老婦人が挑戦的に男たちを見おろすという構図が、まさ

『大砂塵』©DR
ジョーン・クロフォード

上／『華氏451』ⒸMK2/DR
下／『大砂塵』ⒸDR

に『大砂塵』の追手たちがジョーン・クロフォードの酒場に押しかけるシーンにそっくりです。つづけて見ると、よくわかります。『大砂塵』の原題は『ジョニー・ギター（Johnny Guitar）』で、ペギー・リーが歌った主題歌（こちらは「ジャニー・ギター」で知られています）が映画以上に、というか、たぶん映画とかかわりなく、大ヒットしました。映画のラストシーンで、この美しい主題歌が流れてくるところは背景に滝があって、ペギー・リーの歌うこの美しい主題歌が流れるラストシーンはちょっと印象的なのですが、双葉十三郎氏などは、「おなじみの流行歌は申し訳程度についている」だけで、「物々しき愚作というべし」とののしっています（「ぼくの採点表I」、トパーズプレス）。もっとも、この双葉十三郎評を絶対ゆるさないと怒っている蓮實重彦氏のようなニコラス・レイと『大砂塵』擁護派もいて、私はじつはニコラス・レイ監督の作品は『夜の人々』（一九四八）とか『孤独な場所で』（一九五〇）とか『ロデオの男』（一九五二）とか『暗黒街の女』（一九五八）とか、大好きなものもあって複雑な思いもあるのですが、『大砂塵』だけはちょっとつらい作品です。もっとも、トリュフォーは『大砂塵』のフランス語吹替え版があまりにもすばらしく、オリジナル版のフランス語スーパー字幕では味わえない「見事なオリジナリティー」

があったとこんなふうにも語っています。

フランス語に訳されたスーパー字幕ではカウボーイたちが「俺、おまえ」で話すのですが、吹替え版のフランス語では「私、あなた」で話し合うのです。「おい、ジョニー、一杯飲めよ」と言うのではなく、「一杯いかがですか、ムッシュー・ギター」と言う。「ギターを弾いてみろ、ジョニー」ではなく、「ひとつ弾いてみてくれませんか、ムッシュー・ギター」といった調子なのです。とても西部の荒らくれ男たちとは思えない話しかたです。まるで古典悲劇のように格調高いせりふまわしで、荒らくれ男たちが、どんなときにも、殴り合いをするときですら、「ムッシュー」と敬語で呼び合う。情念をおさえた古典悲劇の人物たちの言葉のように美しくひびくのです。たぶん、フランス語の吹替え版のなかでも最も成功した例でしょう。じつに美しい言語と文体を生みだしているのです。わたしはこのフランス語吹替え版のほうがオリジナル版よりずっと好きで、何度も見て、ますます好きになりました。(「トリュフォー最後のインタビュー」、前出)

ニコラス・レイ監督の『孤独な場所で』はハリウッドの脚本家（ハンフリー・ボガート）と女優（グロリア・グレアム）の話で、原作はありますが、ニコラス・レイ自身とその妻だった女優のグロリア・グレアムの関係がなまなましく反映された作品として知られています。現実の夫婦関係は映画のようにロマンチックに別れるのではなく、もっと悲惨なものでした。トリュフォーは『アメリカの夜』（一九七三）のなかで、それをヒントに、劇中劇というか、映画中映画の『パメラを紹介します』の物語をつくったとのことです。つづけてこんなふうに語っていました。

ニコラス・レイはどんな作品も彼自身の個人的な感情や思想をなまなましく描いています。『孤独な場所で』はその最もリアルな切迫した告白のような映画なのです。しかも、その撮影中に女優でもあり妻でもあるグロリア・グレアムは彼の［前妻の］息子とかけおちし、その後、結婚して子供も一人つくったのです。このような話はスキャンダルになりかねませんが、ニコラス・レイもグロリア・グレアムもすでに亡くなっているので、もうこうして話してもいいでしょう。このニコラス・レイ夫妻、父子の話からヒントを得て、わたしは『アメリ

『暗くなるまでこの恋を』に出てくる『大砂塵』上映中の映画館

カの夜』の劇中劇（『パメラを紹介します』）の物語を考えました。ただ、そのころはまだニコラス・レイもグロリア・グレアムも存命中だったので、父親と息子の立場を逆にしてみたのです。

第19章

フリッツ・ラングも
ルイス・ブニュエルも

フリッツ・ラングも、ルイス・ブニュエルも、トリュフォーの映画にしょっちゅう見えつ隠れつする存在ですが、まるでギャグのように明白なフリッツ・ラングへのめくばせの一例をまず挙げてみましょう。アメリカ時代のフリッツ・ラング監督の傑作の一本である『マンハント』(一九四一)ではヒロインのジョーン・ベネットがハートに矢が刺さった形の髪留めをジャック・ホーキンスに買ってもらい、いつも髪につけているのですが、トリュフォーの『恋愛日記』(一九七七)にも同じハート形の髪留めをした女の子(レストランのウェートレスだったか、事務所の電話交換嬢だったか)が出てくるシーンがあり(トリュフォーは『マンハント』と同じ髪留めを見つけたときに、このシーンを思いついたとのことです)、キャメラがさりげなくその髪留めをアップでとらえて、『マンハント』のジョーン・ベネットとフリッツ・ラングに挨拶を送るのです。

『マンハント』でジョーン・ベネットのベレーに飾りつけられた矢の形をしたブローチは、愛の象徴になり、死の象徴になり、そしてさらに、フリッツ・ラング監督ならではの「運命」の矢、復讐の矢となります。トリュフォーは批評家時代に「フリッツ・ラングがハリウッドで撮った重要な作品群」の核になる「図式」をこんなふうに要約しています。

上／『マンハント』　ジャック・ホーキンスとジョーン・ベネット ©DR
下／『恋愛日記』　ネラ・バルビエ ©MK2/DR

ひとりの男が、警官、学者、兵士、あるいはレジスタンスの闘士として、しかるべき社会的な大義名分のあるたたかいに加わるが、身近な存在である誰か——愛する妻とか子供——の死が、そのたたかいを個人的で心情的なものにする。そして、大義名分は後方に遠ざかり、彼だけの、たったひとりの復讐がはじまるのである。(「わが人生の映画たち」)

『マンハント』は愛する女、ジョーン・ベネットをナチに殺されたジャック・ホーキンスが単身、「運命」に向かってとびこんでいくところで終わります。

ルイス・ブニュエルへのめくばせにも(こちらはちょっと毒々しいけれども)こんなギャグのような一例があります。その前にトリュフォーは「ルイス・ブニュエルの映画の構造」という一文のなかで、ルイス・ブニュエル監督のメキシコ時代の作品、『アルチバルド・デラクルスの犯罪的人生』(一九五五)の一場面を克明に分析して、こんなふうに書いています。

約束の土曜日がやってくる。アルチバルドはちょっとした演出を思いつき、その素敵なアイデアに夢中になる。例のブルネットの若いガイド嬢にそっくりのマネキン人形を手に入れてきて、ソファに置き、いまや生身の美女の来訪を待つばかりだ。そこへ彼女がやってくる。彼女は自分とそっくりの蠟人形を見てびっくりしながらも、おもしろがる。

アルチバルドはこのそっくりな二人の女を相手にはしゃぎ、人形をうまく利用して、ドレスをめくったり、下着をいじったりしてたわむれながら、生身の女に接近していく。アルチバルドのたくらみが性的なものだったのか犯罪的なものだったのか、それだけがよく思いだせずにいるのだが（ということは要するにどちらにしても同じことだったのだろう）、アルチバルドと女のあいだについに何かが起こりそうになったとき、部屋のベルが鳴るのである。彼女に置きざりにされて待ちぼうけを食わされた観光客の団体が、時間がたっても戻ってこないガイド嬢を呼びにきたのである。

こうして、彼女はうまく彼の気をひいておきながら、肝腎のところで去っていってしまうのである。アルチバルドはひどい欲求不満に襲

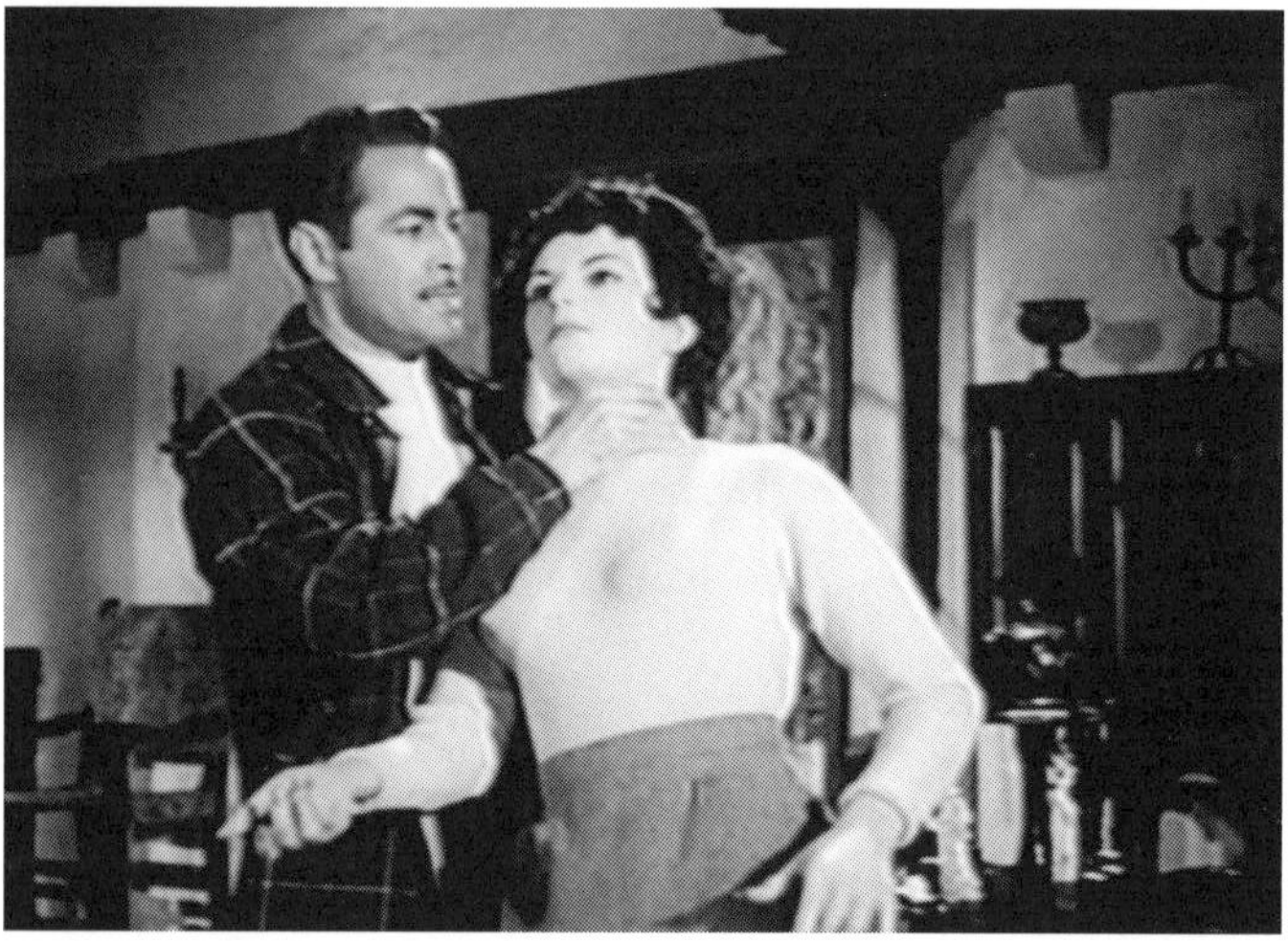

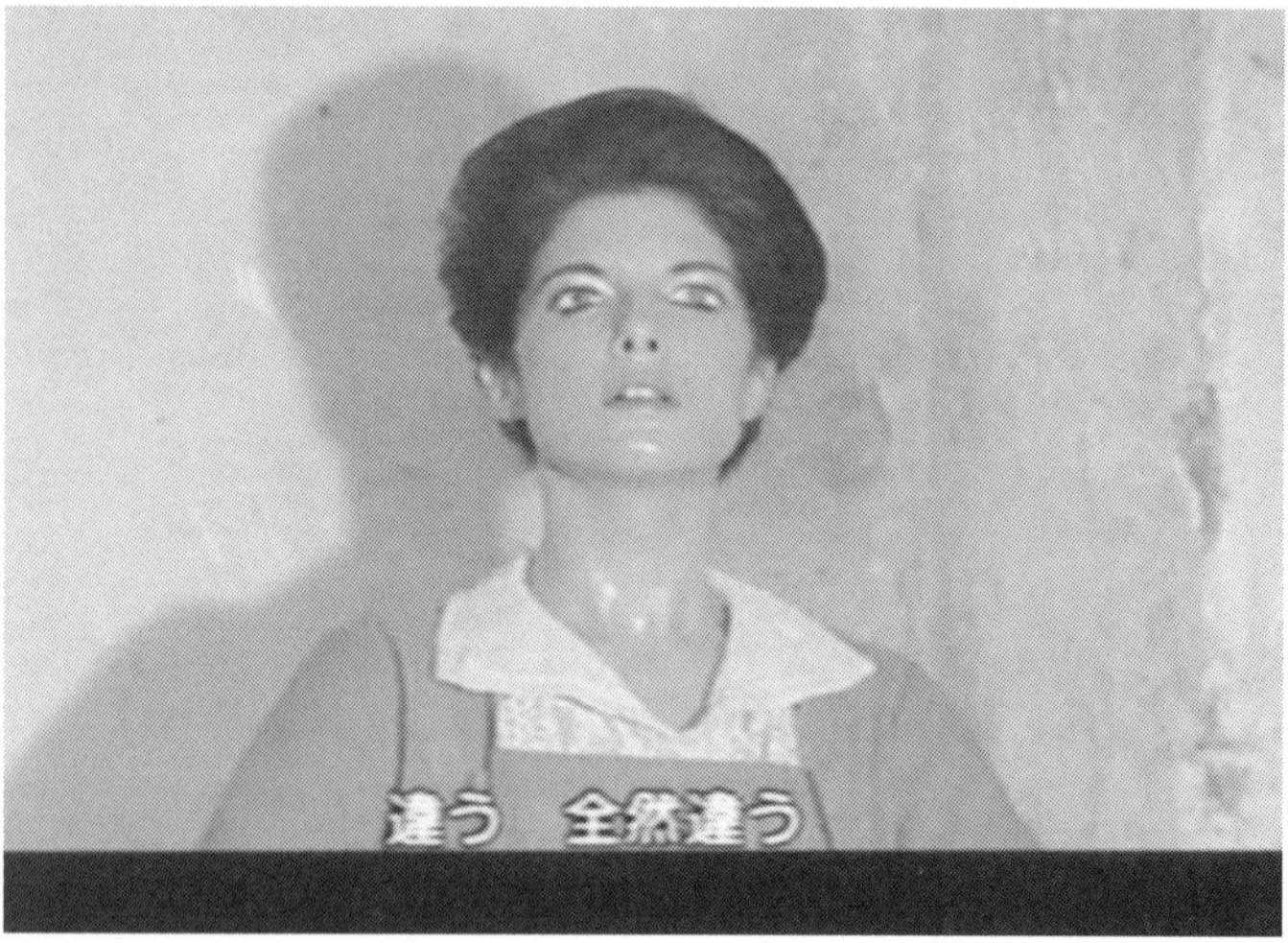

上／『アルチバルド・デラクルスの犯罪的人生』©DR
下／『緑色の部屋』©MK2/DR

われる。ひとり取り残された彼は、どうすることもできずにいる。そこで、彼女にそっくりのマネキン人形をひっつかむや、部屋中ひきずりまわし、燃えたぎる陶芸用の焼き窯のふたをあけ、火のなかに人形を投げこむのである。蠟人形の女は炎になめられて、あるいはむしろ、炎になぶられながら、ドロドロにとけていくのだが、それは、あの青ひげランドリュの家内工業的な死体焼却窯とともに、ナチのユダヤ人強制収容所の集団殺戮の死体焼却窯をも想起させずにはおかない忌わしいイメージだ。

人形のなまなましさが、なんとも不気味で（たぶん、ところどころで部分的に、太股など本物の、つまり生きた女の、生身のままを使っているようで、セクシャルに肉体がピクッと動いたりするのだ！）、一度見たら忘れられないシーンである。

トリュフォーはこの強烈なイメージに憑かれていたかのように、『緑色の部屋』（一九七八）では主人公が亡き愛妻とそっくりの人形をつくらせたあと破壊させるというブニュエル的なシーンを「再現」しています。しかも、明らかに生きた本物の女がワンカットは挿入されています。その前の

『恋愛日記』©MK2/DR
シャルル・デネルの人形が…

作品、『恋愛日記』（一九七七）では主人公のシャルル・デネルの悪夢のなかで、シャルル・デネルとそっくりのマネキン人形がショーウィンドーの外から女たちに見られているという、やはり『アルチバルド・デラクルスの犯罪的人生』のブニュエル的狂気にとり憑かれたようなシーンがあったことも思いだされます。

第20章

映画作家《オートゥール》ジャン・コクトー
アンリ・ラングロワと
シネマテーク・フランセーズ

『オルフェの遺言』撮影中のジャン・コクトーを訪ねるフランソワ・トリュフォー
ⒸMK2/DR

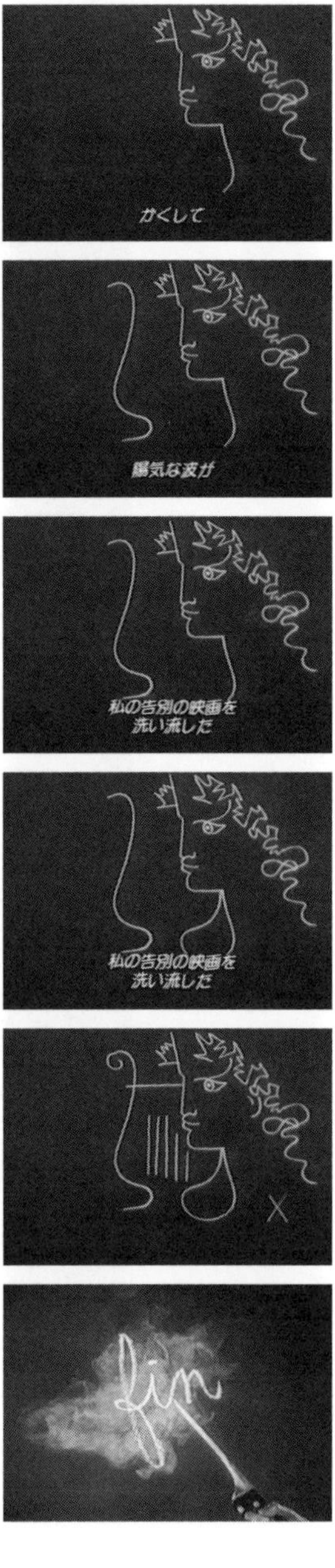
かくして
陽気な波が
私の告別の映画を
洗い流した
私の告別の映画を
洗い流した
fin

『オルフェの遺言』のラストシーン
©DR

　トリュフォーの最も初期の名高い論文（トリュフォーが二十一歳のときに書いたもの）、「フランス映画のある種の傾向」の余白には、当時「現役」のフランスの映画監督のなかで、アベル・ガンス、マックス・オフュルス、ロジェ・レーナルト、ジャック・ベッケル、ロベール・ブレッソン、ジャック・タチ、そしてジャン・ルノワールとともに、「オートゥール（作家）」としてジャン・コクトーも称賛されていて、「一九四五年以来、『美女と野獣』『双頭の鷲』『恐るべき親達』『オルフェ』、そしてジャン＝ピエール・メルヴィルを監督に立てた『恐るべき子供たち』と、まさにジャン・コクトーならではの最もすぐれたシネマトグラフをフランス映画にもたらしてくれた」という註釈が付けられています。

トリュフォーは『大人は判ってくれない』（一九五九）の収益から、コクトーの『オルフェの遺言』（一九五九）に資金援助をして共同製作しています。『大人は判ってくれない』のジャン＝ピエール・レオーも『オルフェの遺言』に友情出演しています。冒頭、ジャン・コクトーが出てきて、すっと消えてしまうので、ジャン＝ピエール・レオーがびっくりしてしまう。ヌーヴェル・ヴァーグに感謝の意をこめた挨拶を最後に送る『オルフェの遺言』は題名どおりコクトーの遺作になりました。

ジャン・コクトーは詩人でもあり小説家でもあり画家でもあり劇作家でもあり、ありとあらゆるジャンルをこなした芸術家でしたが、何よりもまず映画作家として、トリュフォーは、敬愛していたと思います。

すでに見てきたように、映画のなかにもあちこちトリュフォーはジャン・コクトーのイメージ／作品を引用しています。『柔らかい肌』（一九六四）のなかでは映画館の正面に『オルフェの遺言』のコクトー自身のデッサンによるポスターを貼って敬意を表していますし、『アメリカの夜』（一九七三）でもトリュフォー自身の演じるフェラン監督がバターのかたまりをお皿にのせてジャクリーン・ビセット扮するスター女優のジュリー・ベイカーの控室に持っていくと、ジャン・コクトー作のタペストリーが飾ってあったりします。そう、まるで花飾りのように。

ジャン・コクトーはアンリ・ラングロワを映画の殿堂を守るドラゴンにたとえました。

アンリ・ラングロワとシネマテーク・フランセーズは、映画少年トリュフォーの夢を育んでくれた恩師とその学校でした。

アンリ・ラングロワは一九二〇年代末、まだ十代のころから、映画の収集をはじめた、といっても、いわゆる収集家、コレクターではなく、というのも、自分だけのコレクションに熱中したのではなかった。

パリ郊外の蚤の市などで古い映画のフィルムが爪をみがくためのマニキュア、ペディキュア用品として、当時、一巻いくらといった感じで安く切り売りされていて、そこでリュミエールの映画などを発見して買い集めたのがアンリ・ラングロワのシネマテークのはじまりになったということです。のちに、シネマテークを「ノアの方舟」にたとえているように、アン

『夜霧の恋人たち』撮影中のフランソワ・トリュフォー（左）とジャン=ピエール・レオー（中央）をアンリ・ラングロワが訪ねる ©MK2/DR

リ・ラングロワは大洪水の脅威にさらされた動物たちを救ったノアの方舟さながら、失われていく、絶滅の危機にさらされた映画たちを救うという、それも映画を愛好するあまりの使命感、という以上に狂気に近い情熱でフィルムの収集にのりだしたのでした。いわば、現在のフィルム・アーカイヴの原点がアンリ・ラングロワのシネマテークだったのですが、映画もその保存とか修復とかが文化の名において国家の、国家の統治機構としての政府の、官僚、あるいは、日本では国家公務員と呼ばれるおぞましい存在になりますが、そういった専制・秘密・煩瑣・形式・画一など（と、これは「広辞苑」による「官僚主義」の定義の引用ですが）を旨とする御役人たちに管理されて、いまではアンリ・ラングロワの精神はほとんどまったく失われてしまったというのが実情のようです。実際、シネマテーク・フランセーズは戦後、国立になって以来、「国立」というのは当然ながら「国が設立し、管理すること」ですから、シネマテークはアンリ・ラングロワ個人のものではなくなり、資格もシネマテーク・フランセーズ事務局長でしかなく、それも、やがて、ラングロワには事務的な管理能力がないということで、トゥール短篇映画祭などを主宰したこともあるピエール・バルバンからの告発と進言によって国（当時の文化大臣、アンドレ・マルロー）がラングロワを追放して、ラングロワからシネマテークを奪うという異常事態にまで至ります。文化の名のもとに国が映画に介入すると不吉なことばかり起こる、とトリュフォーはすでにアンリ・ラングロワ追放事件を予感していたかのように、「映画の危機」をテーマにした「カイエ・デュ・シネマ」誌特集号（一九六五年一月第161／162合併号）に書いています。文化を擁護するという名目で国が映画を管理することに危機感をおぼえていたのでしょう。

シネマテーク・フランセーズの生みの親だったアンリ・ラングロワが公共料金も払えずに電気や電話もとめられたまま野垂れ死にしたような状態で死後何日かして発見されるのはもっとあと、一九七七年一月のことになるのですが、その九年も前の一九六八年一月、アンリ・ラングロワが政府の官僚たちによってシネマテーク・フランセーズから解雇、追放され、それに反対する「シネマテーク擁護委員会」がアンリ・ラングロワの復帰をスローガンに結成され、トリュフォーはその運動の先頭に立ちながら、同時に『夜霧の恋人たち』（一九六八）の撮影をつづけます。そんなことから、『夜霧の恋人たち』は閉鎖されたシャイヨ宮のシネマテーク・フランセーズの入口からはじまり、「アンリ・ラングロワのシネマテークに捧ぐ」というトリュフォー自身の書き文字が画面に出ます。シャイヨ宮のシネマテーク・フランセーズの入口からはエッフェル塔がすぐ目の前に見えました。トリュフォーが愛してやまなかったシャルル・トレネのシャンソン「残されし恋には」がしみじみとノスタルジックに流れる忘れがたいシーンです。

一九六八年五月の動乱、いわゆる「五月革命」をへて、アンリ・ラングロワはなんとかシネマテーク・フランセーズに復帰し、九月六日、『夜霧の恋人たち』は再開したシャイヨ宮の大ホールで、アンリ・ラングロワの挨拶のあと、プレミア上映されました。

アンリ・ラングロワが映画を集めたのは、単に文化遺産として保存するとかいったことよりも、みんなに見せるためだった。ですから、特別上映だからといって特別料金にするようなこともなかったし、満員になったりしたら、入れなかったお客、といっても、ファンというか、シネフィル、映画狂にきまっていますからそのために、たとえそれが一人のためでも、かならず追加上映をしました。

トリュフォーの思い出によれば、映画を見たくてタダ見をしようとする人がいても(トリュフォー自身もそうだったわけですが)、ラングロワはよく見て見ぬふりをしたそうです。そんなに、ズルをしてまで見たいのなら見

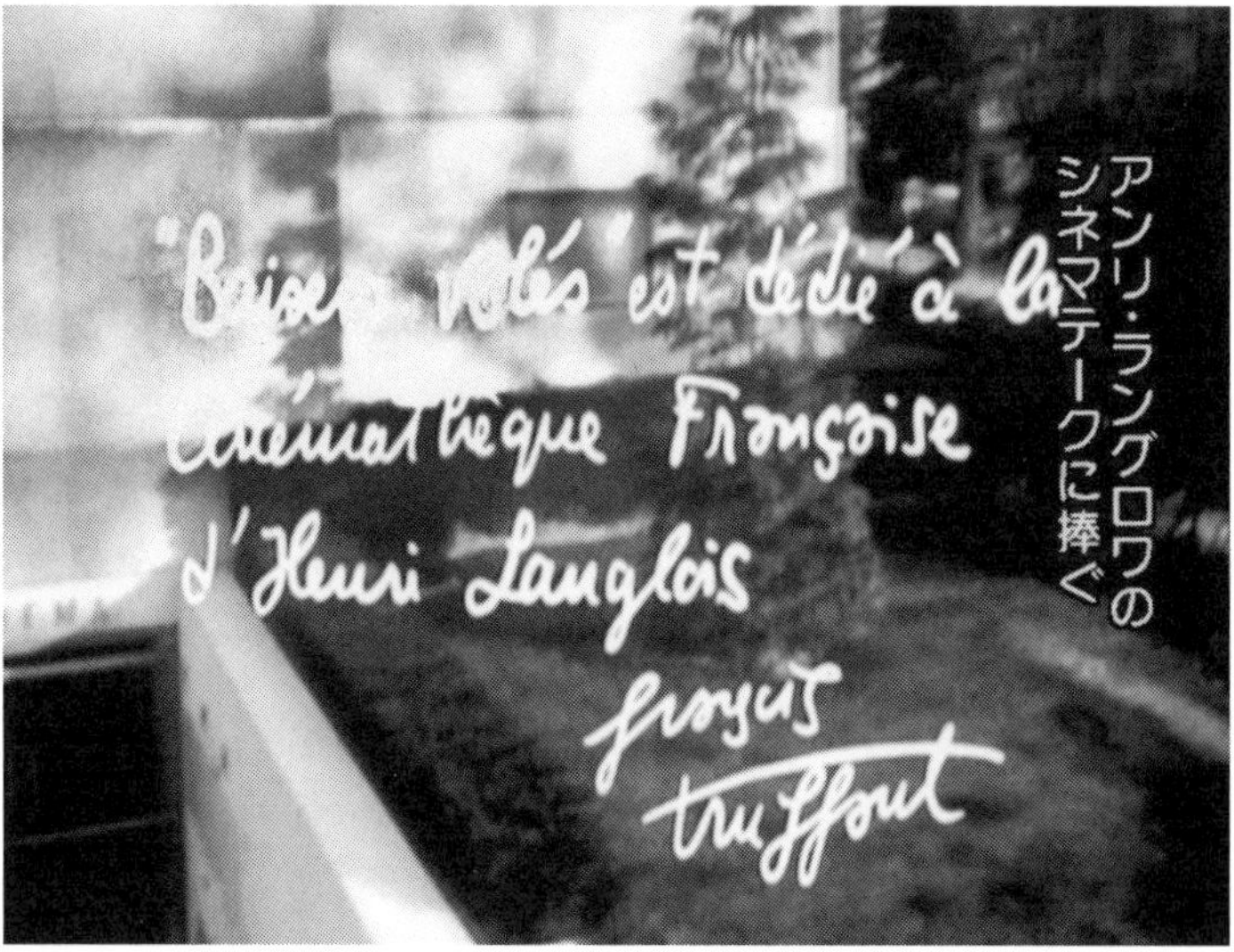

『夜霧の恋人たち』のはじまり ©MK2/DR

せてやろうということだったのでしょう。興行ではない、管理でもない、「文化」的イベントでもない、ただ、ひたすら、映画を見せることこそ使命なのだと考えていたのだと思います。しかし、国家的機関としては、国の金でそんな勝手なことをやっては困る、許せないということなのでしょう（当然ながら！）。アンリ・ラングロワ個人のシネマテークだったからこそすべてが可能だったのでしょうが、当然ながら、そんな臨機応変というか、自由勝手なことはできない。見せることよりも、管理のほうが重要なのでしょう。そうした管理に無関心でズボラだった真の映画的自由人がアンリ・ラングロワでした。もう二度と現れない、最初にして最後の、生まれながらにして絶滅危惧種の最初にして最後の映画人間だったのです。

ラングロワはシネマテーク・フランセーズに復帰はできたものの、国からの補助金を打ち切られてしまった。トリュフォーとゴダールがいっしょになってシネマテークへの寄付をよびかけたPRフィルムがあります。たぶん映画館で上映されたものかと思われますが、『夜霧の恋人たち』のDVD-BOXの特典映像で初めて見ることができました。このあと、ごぞんじのように、トリュフォーとゴダールは喧嘩別れをしてしまうので、このシネマテークへの寄付のよびかけのフィルムが、二人いっしょに仲よく画面にうつっている最後の貴重な映像かと思われます。

ゴダールもトリュフォーも、「わたしたちはシネマテークで育った」と語っています。ヌーヴェル・ヴァーグはシネマテークから生まれたとも言っています。ラングロワ自身も、「わたしの願いは、シネマテークの会場につねに未来のトリュフォー、未来のゴダール、未来のシャブロルの存在を確保することだ」と誇らかに語っていたものです。

第21章

「カイエ・デュ・シネマ」誌とヌーヴェル・ヴァーグの仲間たち

『大人は判ってくれない』を表紙にした「カイエ・デュ・シネマ」誌
（1959年6月第96号）ⒸDR

「カイエ・デュ・シネマ」はアンドレ・バザンのもとにトリュフォーやゴダールが映画批評を書いていた映画研究誌です。ヌーヴェル・ヴァーグの揺籃、根拠地になった映画同人誌です。ヌーヴェル・ヴァーグの仲間たちは「カイエ・デュ・シネマ」誌の同人から映画作家になったので、ゴダールやトリュフォーは映画のなかでもおたがいにしょっちゅうめくばせをし合って、たのしんだり、はげまし合ったりしています。

「カイエ・デュ・シネマ」誌の同人であったジャック・リヴェット監督の長篇映画第一作『パリはわれらのもの』(一九五八―六一)についてトリュフォーはこんなふうに書いています――「シャルル・ペギーによればパリはだれのものでもないことを、ジャック・リヴェットはこの映画の冒頭で喚起する。しかし、映画は万人のものである」(「わが人生の映画たち」、前出)。

「映画はわれらのもの」という若々しく誇らかな意気ごみがヌーヴェル・ヴァーグの仲間たちにはあったのだろうと思います。

トリュフォーの『あこがれ』(一九五七)のなかで恋人たち(ジェラール・ブランとベルナデット・ラフォン)が映画館に入ると、そこで上映されているのが、ジャック・リヴェットの短篇映画『王手飛車取り』(一九五六)です。

製作がこれも「カイエ・デュ・シネマ」誌の同人であったクロード・シャブロルとヌーヴェル・ヴァーグのプロデューサーとして知られるピエール・ブロンベルジェ、主演がジャン＝クロード・ブリアリとエチエンヌ・ロワノ（アンドレ・バザンと共同で「カイエ・デュ・シネマ」誌の編集長をつとめたジャック・ドニオル＝ヴァルクローズの変名）という「カイエ」グループの作品ですから、『あこがれ』ではこうやって、映画館でみんなが見ている情景を描いて友情あるめくばせをしている。

『王手飛車取り』を上映しているその映画館から出てきた子供たちが壁に貼ってあるジャン・ドラノワ監督の『首輪のない犬』（一九五五）のポスターを破っていきます。トリュフォーが批評家時代に「フランス映画のある種の傾向」という名高い論文でとことんたたきのめしたオーランシュ／ボスト、つまりジャン・オーランシュとピエール・ボストのコンビの脚本による作品で、そのポスターを子供たちがこの大ヒットした映画の主題歌などロずさんでばかにしながらビリッと破るので、これはスキャンダルになるほどの挑発的な行為になりました。監督のジャン・ドラノワが怒りの抗議状を発表しています。

トリュフォーは『大人は判ってくれない』（一九五九）でもジャック・リ

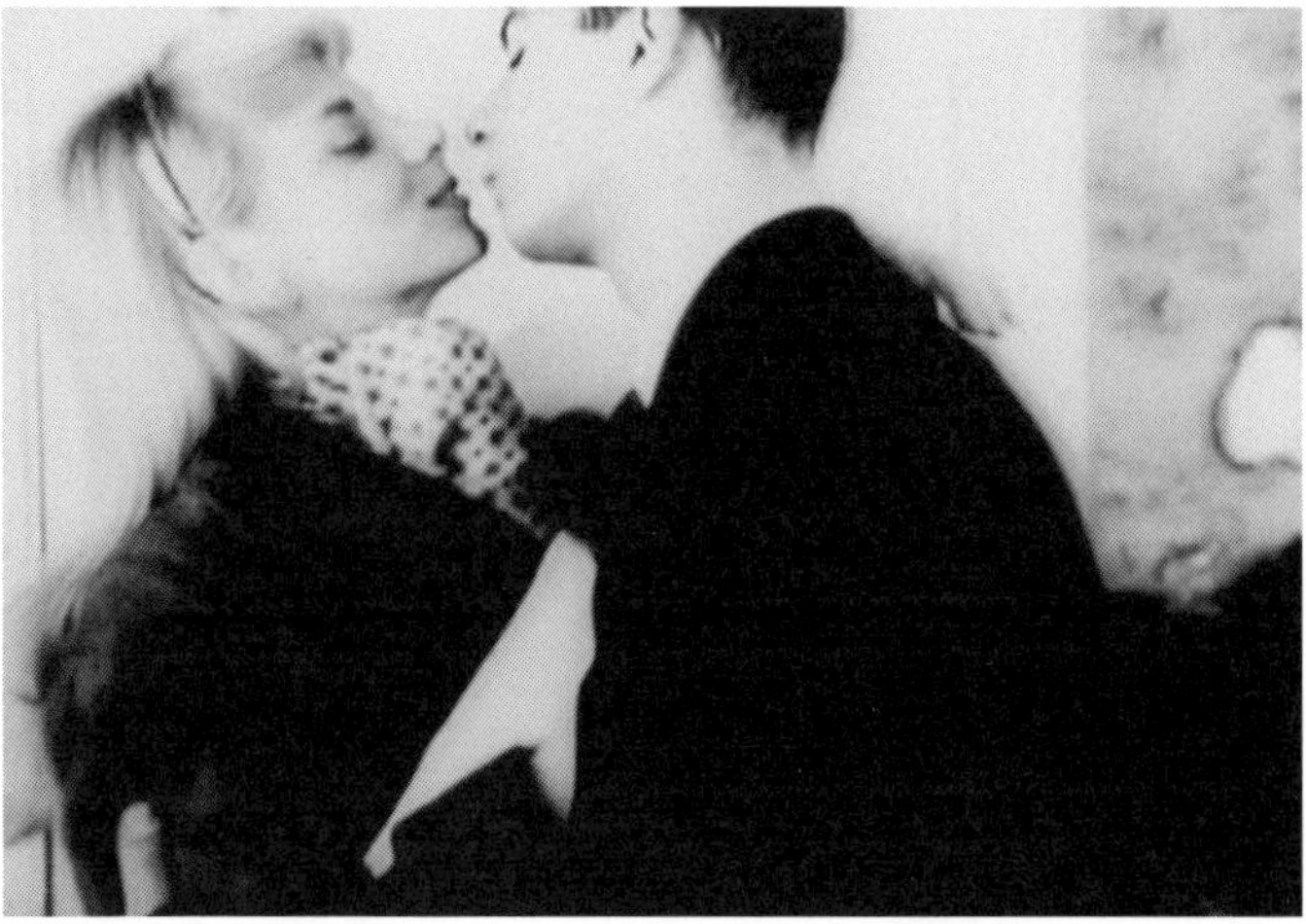

上／映画館で上映中の『王手飛車取り』
下／映画館から出てきた子供たちが壁に貼られた『首輪のない犬』のポスターを破る
『あこがれ』©MK2/DR

ヴェット監督の『パリはわれらのもの』に友情あるめくばせをしています。アントワーヌ・ドワネルが両親に連れていってもらってゴーモン・パラスというロードショー館で見る映画という設定なのですが、じつは当時『パリはわれらのもの』は一九五八年に撮影開始したものの資金不足で撮影中断、未完のままでした。だから、ゴーモン・パラスといった大きな映画館で上映しているはずはないのですが、トリュフォーとしては親友のジャック・リヴェットに対するはげましと応援のエールを送ったのでしょう。事実、トリュフォーは、『大人は判ってくれない』がカンヌ映画祭で監督大賞を受賞したあと公開されてヒットしたその収益で『パリはわれらのもの』を援助し、一九六二年にこの作品を完成させます。

「カイエ・デュ・シネマ」誌そのものを堂々と宣伝するかのように引用するところもあります。トリュフォーの長篇映画第二作『ピアニストを撃て』(一九六〇)では、「カイエ・デュ・シネマ」誌の大きなポスターを貼ったトラックが走っていく。『サムソンとデリラ』(セシル・B・デミル監督、一九五〇)のヘディ・ラマールがカバーになった「カイエ・デュ・シネマ」誌(一九五一年九月第5号)の表紙を拡大したポスターです。お伽噺のように時代がわからない、昔むかし、「カイエ・デュ・シネマ」があったとさ、というわけでしょう。

『華氏451』(一九六六)では、焚書のシーンで、ジャン＝リュック・ゴダールの長篇映画第一作『勝手にしやがれ』(一九五九)が表紙になった「カイエ・デュ・シネマ」誌が燃え上がります。ゴダールも、『勝手にしやがれ』のなかでは、シャンゼリゼ大通りでジャン＝ポール・ベルモンドに「カイエ・デュ・シネマ」誌を見せて「若者を支持せよ」とアピールする女の子を登場させたりします。また、『女は女である』(一九六一)では、ゴダールはトリュフォーにこんな挨拶を送ります。特別出演のジャンヌ・モローにジャン＝ポール・ベルモンドが「ジュールとジムは元気かい?」とたずねたりします。

『女は女である』では、こんなシーンもあります。トリュフォーの『ピアニストを撃て』にシャルル・アズナヴールと共演したマリー・デュボワが特別出演し、アンナ・カリーナに「シャルル・アズナヴールって、すてきね」と言われて、突然、拳銃を持つ恰好をしてパンパンパンという銃声とともに撃つのです。ここもたのしいシーンです。

ゴダールは『男性・女性』(一九六六)でも、トリュフォーの「ドワネルもの」のジャン＝ピエール・レオーを主役に使ったこともあって、ドワネルという名の将軍の名前を引用してゴダール流の挨拶をしています。「カイエ・デュ・シネマ」誌出身ではありませんが、アンドレ・バザンの友人で、ヌーヴェル・ヴァーグの仲間であるアラン・レネの長篇映画第三作『ミュリエル』（一九六三）のなかにも、トリュフォーの『ピアニストを撃て』の音楽が印象的に引用されているシーンがあります。アラン・レネはトリュフォーに負けないくらいのヒッチコック・ファンで、『去年マリエンバートで』（一九六〇）にも『ミュリエル』にもヒッチコックを登場させています。どちらもヒッチコック本人が登場するというのではなく、そんなことはとても不可能だったでしょうから、その代わりに、ヒッチコックの実物大の写真を型取った看板や人形を使っているのですが……。トリュフォーは、『ミュリエル』におけるヒッチコックの奥深い影響について、こんなふうに書いています。

「アラン・レネの前作」『去年マリエンバートで』の場合と同じ趣向のギャグで味つけされたヒッチコックの肖像が画面にチラッと登場するといったたぐいのほのめかしやめくばせが無数にちりばめられているばかりでなく、目には見えない画面の奥のほうで影響はさらに深く

『ミュリエル』©DR
ヒッチコック登場?!

何重にも層をなして入り組んでおり、それゆえにこそ『ミュリエル』はサスペンスの巨匠への最も正当なオマージュなのだ。（「わが人生・わが映画」、前出）

トリュフォーは「カイエ・デュ・シネマ」誌とヌーヴェル・ヴァーグの仲間たちにずっと心をこめた挨拶を送りつづけました。一九六八年の「五月革命」を契機にゴダールと袂別したあとも、『アメリカの夜』（一九七三）では最も崇拝する映画作家として、ブニュエルやベルイマンやヒッチコックやハワード・ホークスやロベルト・ロッセリーニとともに、ゴダールを引用しています。ゴダールのほうも、トリュフォーの死後『ゴダールのリア王』（一九八七）や『ゴダールの映画史』（一九八八）などでずっと「フランソワ……」とよびかけつづけます。

『家庭』（一九七〇）ではジャン＝ピエール・レオーが、ということはつまりアントワーヌ・ドワネルが、ジャン・ユスターシュに「子供が生まれたんだ」と電話をかけるシーンがあります――不在だったので伝言だけだったかもしれませんが。

『逃げ去る恋』（一九七九）ではエリック・ロメール監督の『聖杯伝説』

（一九七九）のポスターを描くシーンがありますが、公開があやぶまれていたこの作品をこんなにすばらしいぞといわんばかりにポスターをつくってしまったわけでしょう。『大人は判ってくれない』でまだ完成していなかったジャック・リヴェット監督の『パリはわれらのもの』を映画館に見に行くのと同じ友情あるはげましだったのでしょう。

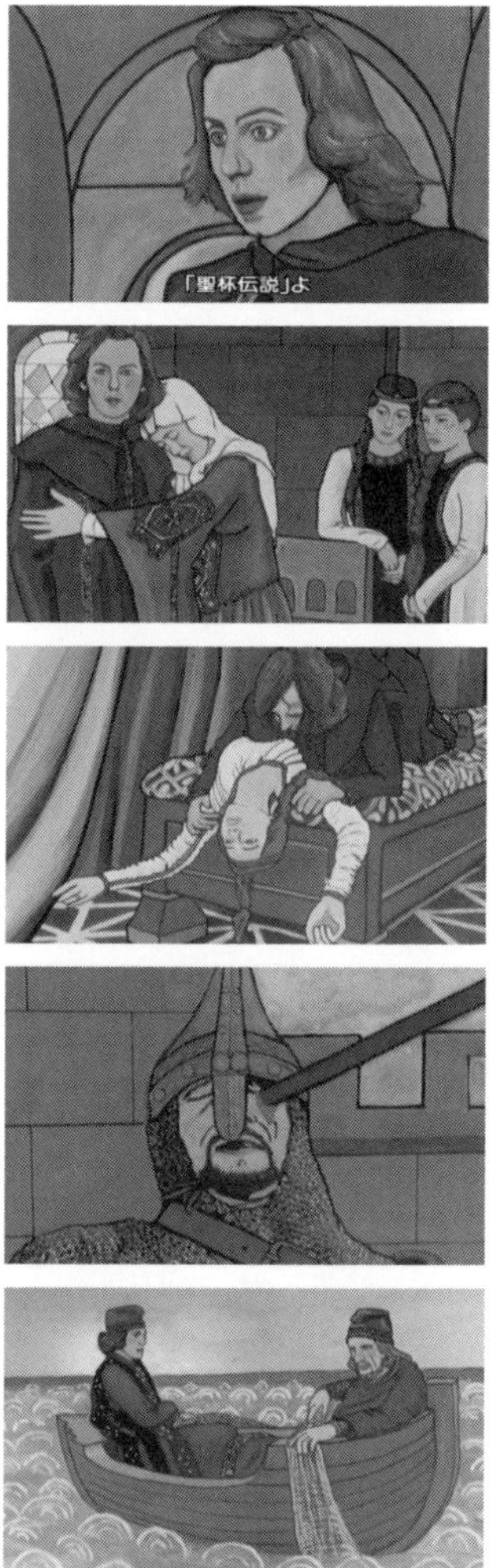

『逃げ去る恋』©MK2/DR
エリック・ロメールへのエール…

第22章

ロウソクの炎あるいはヘンリー・ジェイムズと死者たちの祭壇

いまにして思うと、『緑色の部屋』（一九七八）はフランソワ・トリュフォーの遺言のように思える映画です。あたかも自らの墓をつくるかのように、墓地のなかの廃屋のようになっていた礼拝堂に、「死者は生きつづける」と信じて自分の人生で愛した（というより、むしろ、愛しつづけることができなかった、あるいは充分に愛することができなかった）人たちのために生命の象徴であるロウソクの炎をともしつづけて、「死者たちの祭壇」を設け、忘れられない人たちとともに永遠に生きつづける男の物語なのです。『アデルの恋の物語』（一九七五）では恋に殉ずるヒロイン、アデル（イザベル・アジャーニ）が「恋は私の宗教」と日記に綴り、永遠の恋を誓った相手の男の肖像を祭壇に飾る。すでに、長篇映画第一作の『大人は判ってくれない』（一九五九）のアントワーヌ・ドワネル少年（ジャン＝ピエール・レオー）も敬愛するバルザックの肖像を祭壇に飾り、ロウソクをともして、あやうく火事を起こすところまでいきます。

『野性の少年』（一九七〇）では、ロウソクの炎は息を吹きかけて生命の証明《あかし》になります。そして、『恋のエチュード』（一九七一）のイギリス人の姉妹の顔を暗闇のなかから照らしだすロウソクの炎から『緑色の部屋』の「死者たちの祭壇」に立てられた無数のロウソクの炎に至って、画面全体

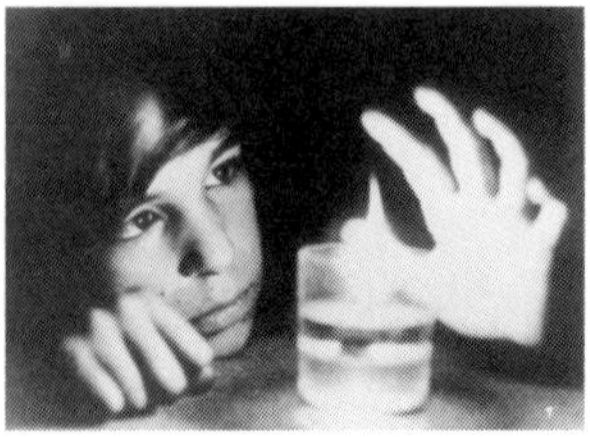

『野性の少年』©MK2/DR
ジャン＝ピエール・カルゴル

が生命の光におおいつくされて映えわたることになります。モーリス・ジョーベールの崇高なまでに美しく香り高い（とも言うべき）音楽が高まり、マルセル・プルーストやジャン・コクトーやジャック・オーディベルチやジャック・ベッケルらの肖像写真の数々にまじって祭壇に飾られた一枚の写真をキャメラがとらえると、それは指揮棒を持ってオーケストラに向かう音楽家、この映画『緑色の部屋』のスコアとして使われた交響曲「フランドルのコンサート」の作曲家、モーリス・ジョーベールの在りし日の姿です。「モーリス・ジョーベールは、わたしにとって、映画音楽の最高の作曲家です」とトリュフォーは語っていました。

ジャン・ヴィゴの『新学期・操行ゼロ』と『アタラント号』の音楽の作曲家であり、戦前のフランス映画の名作、ルネ・クレールの『巴里祭』『最後の億万長者』、ジュリアン・デュヴィヴィエの『舞踏会の手帖』『旅路の果て』、マルセル・カルネの『おかしなドラマ』『北ホテル』などの音楽の作曲家です。映画音楽だけでなく、舞台の音楽やコンサート用の交響楽も作曲しています。第二次世界大戦中の一九四〇年に亡くなったので、すべて戦前に作曲した音楽ですが、わたしは映画を撮りはじめたころからずっとモーリス・ジョーベールの音楽を使いたいと思っていました。こんどやっと、モーリス・ジョーベールの未亡人から使用許可を得て、長年の夢がかなうことになったのです。(「シネ・ブラボー3　わがトリュフォー」、前出)

こうして、トリュフォーは、『アデルの恋の物語』から『トリュフォーの思春期』(一九七六)、『恋愛日記』(一九七七)、そして『緑色の部屋』まで、四作たてつづけにモーリス・ジョーベールの音楽をスコアとして使用しています。敬愛するモーリス・ジョーベールに捧げられた最高の讃辞とも言いたいくらいのスコアです。『緑色の部屋』の祭壇の死者たちのなかでも「ひときわ愛をこめてスクリーンに撮《うつ》し出される」一枚の写真、「モーリス・ジョーベールの生前の姿にキャメラがどんどん近づいて彼の音楽が香り高い感情の高まりをみせた時、ふと彼の持つ指揮棒が一瞬動いたような気がしたのは、はたしてひとときの幻覚だったのだろうか?」とまで河原晶子さんは感動を抑えきれぬかのように書いています(「死者たちの祭壇の中の一枚の写真から——フランソワ・トリュフォーとモーリス・ジョーベール」、岩波ホール『緑色の部屋』パンフレットより)。

『緑色の部屋』　死者たちの祭壇から ©MK2/DR
上／ヘンリー・ジェイムズ
下／モーリス・ジョーベール

上／『緑色の部屋』の祭壇に飾られたオスカー・ウェルナーの写真 ©MK2/DR
下／『突然炎のごとく』出演中のオスカー・ウェルナー ©MK2/DR

『緑色の部屋』の死者たちの祭壇に飾られた肖像写真のなかで、もう一枚、ふと目を引くのは、『突然炎のごとく――ジュールとジム』（一九六二）で一心同体の名演とも言うべきジュールの役を好演したものの『華氏451』（一九六六）では気が合わずにトリュフォーと決定的に袂を分かつことになった俳優のオスカー・ウェルナーの写真です。それも思い出の『突然炎のごとく――ジュールとジム』に出演したときの――たしかカットされた――軍服姿のジュールです。そのころは「死者」ではなかったオスカー・ウェルナーですが、その後、トリュフォーが一九八四年十月二十一日に亡くなった二日後の十月二十三日に追いかけるように（と言うべきか、ひきずられるかのようにと言うべきか）亡くなります。

トリュフォーはすでに一九七四年ごろから「死者に対する愛と崇拝をテーマにした」映画を構想していました。一九七四年十月一日付の私への手紙にも、「まだ先の企画で」「ほんの少しメモを取りはじめたばかりですが、純粋な愛から死者への関心（といっても、変態とか病的な執着ではなく）を深め、死の世界にとり憑かれた男の物語」を考えていると記しています。

わたしの共同シナリオライターになるジャン・グリュオーにはヘン

リー・ジェイムズの「幽霊物語《ゴースト・ストーリーズ》」を徹底的に読み直してメモを取ってもらっています。「死者たちの祭壇」「友だちの友だち」「密林の野獣」といった短篇小説です。たぶん、そこから一本の映画を生みだせると思います。まだずっと先のことになるでしょうけれども。

このように一見して文学的な発想にもとづく『緑色の部屋』にもトリュフォーの映画的記憶に結びつくイメージが色濃くにじみ出ています。夜の墓地はまるで怪奇映画のようです。トリュフォー自身もこんなふうに語っています。

トーキー初期のある種のアメリカ映画、とくにユニヴァーサルの怪奇映画をわたしはかなり明確に意識して映像化しました。だからといって、もちろん、ベラ・ルゴシとかロン・チェニーのような怪奇的な俳優を使おうと考えたりしたわけではありませんが、ジャン・グリュオーと共同でシナリオを書きはじめる前に、わたしはヘンリー・ジェイムズの「幽霊物語《ゴースト・ストーリーズ》」のテーマをユニヴァーサルの怪奇映画ふうに描けそうなシナリオを二本、わたしなりに考えてみました。一本は、死者しか愛せない男が生きた女を本当に愛することができるように殺していくという物語です。もう一本は、逆に、女のほうから、死者しか愛せない男に近づいて彼に愛されるために殺してもらうという物語です。トッド・ブラウニングの『知られぬ人』のような物語がわたしの映画の場合にはどうなるかを考えてみたわけです。

『知られぬ人』（一九二七）は、ロン・チェニーが男の腕に抱かれると身の毛のよだつほどぞっとするという美しい娘、ジョーン・クロフォードに恋をして彼女に愛され、愛撫してもらうために自分の両腕を手術して切り落としてしまうというすさまじい物語です。『緑色の部屋』にも、トリュフォーの演じる主人公、ジュリアン・ダヴェンヌが亡き妻とそっくりの（実際、一瞬、生身の女優のカットが使われる）マネキン人形をつくらせるけれど、これは妻ではないと叫んで、金を払ってから、マネキン人形を鉈でぶった斬りにするというシーンがあることはすでに見てきたとおりです。

こうした怪奇映画的なイメージのせいか、『緑色の部屋』はアメリカでは、B級怪奇映画の巨匠、ロジャー・コーマンの配給会社からタイトルも怪奇映画めいた『ヘンリー・ジェイムズの緑色の部屋《グリーン・ルーム》』として公開されたそうです。さすがに、それではゲテモノのホラー映画あつかいされて日本公開があやぶまれることになり、トリュフォー自身がいわば自主公開する形で、いまはなき（と言ってしまうのもはばかれるけれども）東京の岩波ホールにおけるささやかな単館ロードショーがおこなわれたことなども懐かしい思い出になりました。

第23章

アンドレ・バザンの思い出に――映画のような人生、人生のような映画

まるで映画みたいな（と言うしかないような）数奇な人生を生きたフランソワ・トリュフォーでした。

学校をサボって小学校もろくに出ていない映画狂の少年が、その非行ゆえに親に見放されて、感化院（少年鑑別所）に送られるが、シネクラブで知り合ったひとりの映画評論家に引き取られ、映画に向かって走り出す。映画評論家はアンドレ・バザンで、三十歳。少年フランソワ・トリュフォーは十五歳でした。

映画ひとすじというわけにはいかなかった。恋する少年は失恋の痛手に耐えかねて、絶望をまぎらすために自ら志願して軍隊に入るけれども、戦地（インドシナ戦線）に送られることを恐れて脱走を決意、途中で捕らえられて軍刑務所に投獄されてしまう。またもアンドレ・バザン（のちにトリュフォーは「精神的父親」とよんでいる）が保護者（身元引受け人）となって軍隊から救い出してくれ（トリュフォーは二十歳になったばかりだった）、バザンの手引きでバザンの主宰する映画研究誌「カイエ・デュ・シネマ」（一九五一年創刊）に映画批評を書きはじめます。

二十一歳のときに書いた爆弾論文「フランス映画のある種の傾向」（一九五四年一月第31号に掲載）で、戦前からのフランス映画の大御所、とくにオーランシュ／ボストのコンビを中心にしたシナリオライター、クロード・オータン＝ララ、ジャン・ドラノワといった巨匠監督をことごとく叩きのめし、トリュフォーは「フランス映画の墓掘り人」の異名を取ることになるのです。

シネマテークやシネクラブで映画を見まくり、独学で身につけた教養とすべてに挑戦的なその若々しい（というより、ずばり若気の至りとも言うべき）過剰なまでの血気にあふれた筆致《エクリチュール》に目をつけた先鋭的文芸週刊紙「アール」に招かれて映画時評を書くようになり、批評によって映画づくりをめざす同じ志の「カイエ・デュ・シネマ」誌の同人たち、エリック・ロメール、ジャック・リヴェット、クロード・シャブロル、ジャン＝リュック・ゴダールらとともに共同戦線を張り、やがてヌーヴェル・ヴァーグ（新しい波）とよばれることになる、フランス映画史のみならず世界の映画史の流れを変える若い映画作家たちの誕生の母胎を形成することになります。

ヌーヴェル・ヴァーグとは、その意味で、撮影所に入って助監督修行などをへずに映画づくりに進出した新人たちの総称になり、よかれあしかれ、今日に至る「自主映画」の流れを生みだした波であったと言えるでしょう。

フランソワ・トリュフォーは、一九五四年、映画時評を書きはじめた当初に、16ミリで撮った短篇習作『ある訪問』（「かなり稚拙なアマチュア映画」だったと自ら述懐している）のあと、「真の処女作」と自負する35ミリによる短篇『あこがれ』にとりかかります。一九五七年、二十五歳のときでした。映画とはこうあるべきだなどと生意気な批評を書きまくっていた若造がどの程度のものを撮れるものか、お手並拝見とばかりに手ぐすねを引いて待ち構えていた連中もおどろき、目をみはるほど新鮮なタッチの映画で、いま見ても単純で、みずみずしく、すがすがしい。

『あこがれ』はトゥール国際短篇映画祭に招待作品として上映されて大評判となり、そのいきおいでフランソワ・トリュフォーは長篇映画第一作にとりかかることになります。いよいよ本格的なデビューです。批評家時代からあたためていたアンリ＝ピエール・ロシェ（古書店でトリュフォーが発見した当時無名の老作家でした）の小説「ジュールとジム」の映画化（『突然炎のごとく――ジュールとジム』という邦題になります）の企画は後回しにして、まず自らの少年時代を描く『大人は判ってくれない』（一九五九）を撮ることになります。その記念すべきクランクインの日、肺結核で闘病生活をつづけていた「精神的父親」アンドレ・バザンの症状が急に悪化し、その夜のうちに亡くなるのです。四十歳という若さでした。

ANDRÉ BAZIN

André Bazin nous a quitté le 11 novembre. Au mal implacable, il faisait face depuis cinq années avec une force d'âme exceptionnelle. Nous l'aimions et nous l'admirions sans réserve. La blessure que sa mort ouvre au flanc de notre équipe, rien ne pourra la refermer. Sans lui la critique n'aurait pas été pour nous un métier que l'on peut être fier d'exercer, sans lui le cinéma n'aurait pas évolué de la même façon. « Il a été le fil d'Ariane, écrit Jean Renoir, sans lui la dispersion eût été complète. »

Le présent numéro des « Cahiers » a été élaboré, préparé et rédigé avec lui : fait de son vivant, nous n'y changeons rien. Nous consacrerons à notre ami notre prochain numéro.

A sa femme, à son fils, à ses parents nous disons notre affection et notre fidélité.

LES CAHIERS DU CINEMA.

2

アンドレ・バザンの死亡を伝え、次号の追悼特別号を予告する「カイエ・デュ・シネマ」誌
1959年1月第91号

『大人は判ってくれない』の冒頭に ©MK2/DR

『大人は判ってくれない』は「亡きアンドレ・バザンの思い出に」捧げられ、一九五九年のカンヌ国際映画祭に出品されて最優秀監督賞を受賞、ヌーヴェル・ヴァーグの輝かしい、決定的な勝利になります。

フランソワ・トリュフォーは、ざっと二十五年間に二十一本の長篇映画と三本の短篇映画をつくりました。成功作もあり失敗作もあり、幸福な映画と不幸な映画が相半ばしているように思います。ただ、どの作品からもこれこそ自分がつくりたかったものなんだという気持ち、というかむしろ意気込みのようなものが率直に伝わってくる。そしてそこにフランソワ・トリュフォーという映画作家が存在しているような気もします。いろいろな作品がどれもみな、どこかで親密につながっていて、同じように親密に私たちに語りかけてくるかのようです。かつて、批評家時代に、トリュフォーは「作家主義」を標榜し、ジャン・ジロドゥの小説「ジークフリートとリモージュ人」のなかの「作品というものはない、ただ作家がいるだけだ」というすばらしい寸言を引用したものでした。トリュフォーの映画も、個々の作品としてよりも、ひとりの作家の全体的な存在として、その人となりの誠実さとか、面白さとか、あるいは、ときにはもどかしいくらいのこだわりとか、気恥ずかしいくらいの大胆さとか、そういったすべてを受容してたのしみたいような気もします。「フランソワ・トリュフォーの冒険」と題された今回のささやかな生誕90周年回顧上映も、そんな「作家主義」的な鑑賞のチャンスになり得るかもしれません。文は人なりとすれば、映画もまた人なり、です。

フランソワ・トリュフォーは、監督作品として最後になった『日曜日が待ち遠しい!』に律儀に映画的に語呂合わせでもするかのように、一九八四年十月二十一日の日曜日に亡くなります。まるで映画のような（と言いたくなる）五十二年間の人生だったと思います。

（二〇二二年六月から七月にかけて開催の「生誕90周年上映／フランソワ・トリュフォーの冒険」パンフレットより）

第24章　子供たちの時間

［増補新版］と銘打った本書のカバーに使用する写真にはいろいろな権利の問題などもあって、結局私自身の撮った素人写真ながら一九七五年のトリュフォーの撮影中の情景（カラー写真もあるので）で間に合わせることにしたのだが、映画作家としてのトリュフォーのスローガンが難破船の船長と同じように「女たちと子供たちを先に救え！」という叫びだったことを思いだし、子供たちについての一章をあわてて付け加えることにしました。子供たち全員集合の『トリュフォーの思春期』の撮影ルポです。

ここは中部フランスの小さな田舎町ティエールの中央小学校。夏休みなのに、教室や校庭は子供たちでいっぱいだ。父兄参観日のように若い母親たちの姿も目立つ。

フランソワ・トリュフォー監督が、夏休みを利用して、子供たち（主として八歳から十二歳までの小学生たち）を全員集合させた映画『おこづかい』（一九七六年に『トリュフォーの思春期』の題で日本公開）の撮影中である。

スタッフが次のシーンの撮影準備をしているあいだ、トリュフォー監督は校庭の片隅で子供たちとおしゃべりをする。

「さて、こんどはきみたちが休み時間に立ち話をしていると、そこへジュリアンがやってきて話にわりこむというシーンだが、どんな話をしたらいいだろう？　いつも話してるのは、どんなこと？」

「テレビや映画のこと」

「最近見たテレビでは何がおもしろかった？」

「そりゃ、『刑事コロンボ』だよ」

「よし、それじゃ、『刑事コロンボ』でいこう」

といったぐあいに、「次のシーン」の台詞は子供たち自身の自由な話し合いから生まれる。「即興というほどではないのですが、ただ、子供たちの台詞をあらかじめ書いておくことなど、とても不可能なのです」とトリュフォー監督は言った。「子供たちが何を、どんなふうにしゃべるか、大人にはまったくわからないし、そこがまた、じつにおもしろいところなのです。だから、わたしはただ子供たちにちょっとしたヒントだけを与えて、子供たちが自分の言葉で表現してくれるのを待つだけ」。

結果は、これこそ本物の子供たちの姿だと思わずにはいられないおどろくべき自然さだ。大人から見た子供の「内面の真実」といったよ

『おこづかい』（日本公開題名
『トリュフォーの思春期』）の
撮影現場で… ©DR

うな教育的なきめつけによるドラマチックな展開もなく、「不思議の国のアリス」のような奥深い、シュールな、あるいは詩的な文学性のかけらもない。ただ、そこにはごくふつうの生きた子供たちがいるだけ。

フランソワ・トリュフォー監督の長篇映画第一作は、トリュフォーの不幸な少年期を描いた自伝的色彩の濃い『大人は判ってくれない』（一九五九）だった。『おこづかい』は彼の十五本目の長篇映画。デビュー（『大人は判ってくれない』の前に、一九五七年、やはり少年期の断片を描いた短篇映画『あこがれ』を撮っているが）から、ほぼ十五年の歳月が流れている。

『大人は判ってくれない』で描かれた大人たちは、両親も先生も、みな子供に対して無理解で冷酷で、いやらしいイメージでしたが——。

「それは大人たちが主人公の少年の眼から見た歪曲されたイメージだったからですよ。しかし、いまは、わたしも四十三歳ですから、こんどの映画は当然、もっと大人の眼から描かれた作品になるでしょう。子供に対して理解力のあるやさしい先生も出てきます。つまり、十五年前の映画とは立場が逆転しているわけですが、それもわたしなりの自然な成熟ではないかと思います」。

　ふだんは物静かで口数も少ないトリュフォー監督も、撮影現場ではワイシャツの腕をまくり、たくましく活発に動きまわり、大声で叫ぶ。映画づくりのプロセスをそのまま映画にした『アメリカの夜』（一九七三）でトリュフォー自身が演じた映画監督にそっくりだ。大勢の子供たちとともに大勢のスタッフを引き連れ、トリュフォー一家をかかえて大奮闘といった感じ。

「そう、みんな大家族の子供のようなもので、映画監督というのはその一人ひとりに愛情をそそいで面倒をみてやる親のような存在なんですね。もちろん、親も子供に助けられて家族が成り立つわけです」。

『おこづかい』は、生まれたての赤ん坊から最初のキスを体験する思春期にさしかかった少年少女に至るまで、いろいろな年齢の子供たちをいろいろな環境と時間でとらえた作品になるのだが（邦題の『トリュフォーの思春期』はちょっとニュアンスの違うものになるけれども）、撮影後、トリュフォー自ら小説化《ノベライズ》して（邦訳は「子供たちの時間」）、その冒頭にヴィクトル・ユゴーの長篇詩「よいおじいちゃんぶり」（辻昶／稲垣直樹訳、「ヴィクトル・ユゴー文学館」第一巻／詩集、潮出版社）から「小さな子供にすっかり参っている」という引用をかかげて、まるで「私は夢をみるただの好々爺」とばかりに幸福そうだ。

（初出、一九七五年五月七日「東京新聞」夕刊）

そう、この映画でトリュフォーは、大人としての、父親的な立場どころか、すっかり「よいおじいちゃんぶり」を無防備にさらけだしてみせる。怒りを忘れた不良少年の老いた末路とみなす批評も多かったが、トリュフォーは「それも自然な成熟」なのだとすべてを受け入れるかのように静かに微笑むのが印象的でした。

第25章

寄せては返すヌーヴェル・ヴァーグ
生誕90周年上映
「フランソワ・トリュフォーの冒険」に寄せて

またトリュフォーか、いや、まだトリュフォーなのかとまるで進歩のない映画ファンあつかいされてもしかたがないのですが、生誕90周年上映「フランソワ・トリュフォーの冒険」という興味深いレトロスペクティヴ（回顧企画展）にまたもどっぷりかかわることになりました。といっても、上映作品の解説（パンフレット）の監修と、日本語字幕スーパーの翻訳が中心で、企画・上映のすべてにかかわったというわけではありません。企画・上映を知らされたとき、最も興味深かったのは、今回の十二作品のプログラムのセレクションでした。フランソワ・トリュフォーの最高のヒット作『終電車』（一九八〇）と最低の大コケ作品『私のように美しい娘』（一九七二）が肩を並べて上映されるのです。とくに『私のように美しい娘』の上映は、「失敗は才能である」という批評家時代のトリュフォーの「作家主義」的名言を想起させます。

　トリュフォーは自分の作品についても、なぜ成功したか、なぜ失敗したか、微細に、ていねいに、しつこく、自己分析する。パンフレットの作品解説も、だからこそ徹底的に、トリュフォー自身の分析的・批評的な言葉だけで埋めることにしました。上映作品の製作スタッフ・キャストなどのデータ以外はすべてトリュフォー自身の言葉による解説で、私はそのまとめ役を担っただけ。

最新情報はパンフレットの最高の読みどころ、見どころ（というのは地図入りなのです）でもあり、パリ在住の気鋭の映画ジャーナリスト（映画はいまなお「エコール・ド・パリ」の時代の息吹きを感じさせるとでも言いたくなるような「映画の声を聴かせて　フランス・ヨーロッパ映画人インタビュー」、森話社、の著者である）、魚住桜子さんの最新ルポ「トリュフォーのパリ」。そこは映画とともに見て（読んで）のおたのしみということにして、上映作品のうち、トリュフォーの最低の大コケ作品、つまり興行的大失敗作（英語ではフロップ flop、フランス語ではカタストロフ catastrophe、破滅的な興行成績のことをそんなふうによぶらしい）、とくに日本ではひどい「呪われ」かたで、たぶんこれまで日本で公開された外国映画のワースト・スリー、私の知るかぎり、公開初日の第一回の観客数が三人以下だったという『嵐の中の青春』（一九五五、ヘンリー・コーネリアス監督）『二十四時間の情事』（一九五九、アラン・レネ監督）『ウェディング』（一九七八、ロバート・アルトマン監督）をしのぐ、ワースト中のワーストが『私のように美しい娘』で、だいいち、まともな映画館では公開されず、東京・三越だったかどこだったかのデパ地下ならぬ屋上の片隅の小屋みたいな、せいぜい十席程度の試写室を映画館に見立ててひそやかに封切られた。双葉十三郎「西洋シネマ大系　ぼくの採点表Ⅲ1970年代」（トパーズプレス）には「スクリーン」誌（近代映画社）に掲載された時評が収録されていて、ミステリーものの結末をバラしてしまうのは「エチケットに反する」が、「この映画は特殊な公開のされかたで一般に見られる機会がすくないだろうから、あえて結末まで書かせてもらう」ということで「これがすこぶる優秀で、待てど暮らせど弁護士からは連絡がないのでイライラ……バックの音楽にはあのリナ・ケッティが歌ってなつかしいシャンソン（待ちましょう）がきこえてくるという寸法。うれしいネ」と大絶讃。キネマ旬報「世界映画作品・記録全集1975版」では林冬子評で「ミイラ取りがミイラになる。なんとも皮肉で、おかしく、そして空恐ろしい愛のお話」とこれまた結末を明かしての好意的な讃辞でしたが、大方は「トリュフォーらしからぬ下品なおふざけコメディー」と悪評ふんぷん。トリュフォーに手紙を書くことになって、報告するのもつらかったのですが、遺憾の意を伝えたところ、すぐトリュフォーから返事が来ました。『私のように美しい娘』は、一九五七年に短篇ながら大好評の『あこがれ』で同時にフランソワ・トリュフォーは監督として、ベルナデット・ラフォンは女優／ヒロインとしてはなやかにデビューしたコンビの十五年ぶりの再会の期待作でしたが、フランスでも期待外れの相当ひどい成績で、東京での成績（というほどの数字にもならなかったらしいのですが）も私が報告するまでもなく、すべて覚悟していたようでした。深刻ではなく、軽く冗談めかした返事でした。そのころちょうど東京ではレオナルド・ダ・ヴィンチの「モナ・リザ展」が開かれていたのですが、その人気絶頂の「モナ・リザ展」への入館の順番を待つ長蛇の列をヘリコプターで上空から撮影した写真が掲載された「フランス・ソワール」紙の第一面の切抜きを折り込んだこんな文面の手紙でした――『私のように美しい娘』の日本公開がスムーズにいかなかったとしても、やむを得ないでしょう。ベルナデット［・ラフォン］はモナ・リザでなく、それに、もちろん、わたしはレオナルド・ダ・ヴィンチではないのですから！」。

そんなことをふっと思い出したりして、いま、この、紹介文には短すぎる、檄文には長すぎる、拙ない文章を書いているのです。

フランソワ・トリュフォーはかつてヌーヴェル・ヴァーグ（新しい波）とよばれた映画史上の大きな流れとともに登場した映画作家でした。誰が言ったか（新東宝・大蔵貢社長だったか?）、寄せては返すヌーヴェル・ヴァーグ……けだし、名言なりと言うべきや。

（「キネマ旬報」二〇二二年七月上旬号）

終章　後記に代えて

そもそもは、二〇〇二年六月に東京・池袋コミュニティ・カレッジで、いろいろな映画を部分的に上映しながら（といっても、権利の問題などでごく限られた本数でしたが）、フランソワ・トリュフォーの作品に刻まれた「映画的記憶」について考察したささやかな映画教室の勉強の成果を、その後ふくらませて文章化したものが本書のもとになっています。

なぜトリュフォーなのかといえば、撮影所育ちではなく、ヌーヴェル・ヴァーグの作家として自主独立の精神をつらぬき、つねに自らの企画で映画を撮りつづけたので、失敗作はあっても不誠実な作品だけはなく、だからこそ、その「作家」としての、「人間」としての刻印も、より明確に認められるにちがいないと思われたからです。

飯島正氏は「ヌーヴェル・ヴァーグの映画体系」（冬樹社）のなかで、トリュフォーについて「彼ほど青春の刻印を大事にしている映画作家もすくない」と分析し、ドン・アレンによる評伝「トリュフォー」から次のような結論を引用しています――「……彼は映画を変えようとはおもわなかった。彼はただ彼が青春時代に見ることをたのしんだ、そういう種類の映画の、よりすぐれた例をつくりつづけたかったのだ」。

とはいえ、もちろん、「青春時代」にこだわりつづけ、その「青春の刻印」だけがトリュフォーの映画をきわだたせているだけではなかった。飯島正氏はさらに、「トリュフォーの映画論の根幹をなすものは、人間探求のモラリスムに裏打ちされたフランス的なレアリスム」であり、モラリスト・トリュフォーという「個人」がこれを行使するとき、「そこに善悪をこえた人間本来の（たとえば少年期の）姿がそのままの表現をえて浮かびあがるのである」とも書いています。

『突然炎のごとく――ジュールとジム』（一九六一）では、映画館（一九二〇年代からアヴァンギャルド映画専門上映館として知られたパリのユルシュリーヌ館）でスクリーンに上映されているのがナチによる焚書のニュース映画で、すでに『華氏451』（一九六六）を企画中だったことがわかります。『華氏451』は消防夫が焚書係というレイ・ブラッドベリ原作による近未来のSF映画ですが、すでにトリュフォーは「わが青春の書物たち」がいつかは焼き捨てられなければならないことを知っていたのかもしれません。

ジャン・ジュネの自伝小説「泥棒日記」は非行少年トリュフォーの座右の書だったそうです。「泥棒日記」の主人公とバルザックの小説「谷間の百合」の肉親の愛を知らない青年フェリックス・ド・ヴァンドネスが、十代のトリュフォーが最も同化した人物だったとのことです。年上のモルソフ伯爵夫人とフェリックス・ド・ヴァンドネスの恋は『夜霧の恋人たち』（一九六八）で年上のタバール夫人（デルフィーヌ・セイリグ）とアントワーヌ・ドワネル（ジャン＝ピエール・レオー）の恋という形で、トリュフォーの思い入れもたっぷりに描かれています。しかし、文学の古典的名作の映画化にはとても用心深く、みだりに軽率に手を染めないようにしていたトリュフォーでした。『華氏451』の撮影日記（「ある映画の物語」、前出）にも記されているように、プルーストの「失われた時を求めて」の映画化を依頼されたときなど、「プルーストはレモンのようにしぼりさえすれば簡単に味も香りもいい汁が出るような代物ではない」からとことわっています。映画化が可能かもしれない文学作品はごく限られていると厳しく考えていたようです。

レイモン・クノーはジャン＝リュック・ゴダールとともに、トリュフォーも、大好きな作家で、とくに「オディール」という小説はゴダールもトリュフォーも映画化を考えたことがあったようです。

トリュフォーとゴダールは、トリュフォーのオリジナル・シナリオをゴダールが映画化した『勝手にしやがれ』（一九五九）以来、おたがいに競い合いながら同じ方向に進み、たとえばナボコフの小説「マルゴ」を、ともに、シルヴィー・ヴァルタンの主演で映画化しようとしたこともあります。どちらもシルヴィー・ヴァルタンにことわられて（その後、どんな女優も口説き落とせると自負していたロジェ・ヴァディムもやはりことわられたそうです）、企画は流れてしまったわけですが……。しかし、ゴダールはアンナ・カリーナをマルゴ役で撮ろうとして、それが『気狂いピエロ』（一九六五）につながっていきます。

ポール・レオトーの自伝小説「情人（ル・プティ・タミ）」の映画化もトリュフォーは結局はあきらめるのですが、母親の脚へのフェティッシュなこだわりという形で、その思いは『大人は判ってくれない』（一九五九）にも『恋愛日記』（一九七七）にもあからさまに表現されています。ジャック・オーディベルチの小説「マリー・デュボワ」と「モノレール」も映画化できずに終わりました。

こんなふうにして、トリュフォーの読書体験をもとにトリュフォーの創作の秘密のようなものをさぐっていくのもおもしろいかもしれませんが、文学と映画の問題となると、とても私の手には負えないし、映画そのものから遠ざかっていく感じもあり、とくに文学と映画を比較したり、読んでから見るか、見てから読むかといったようなことには、正直なところ、あまり興味もないので、ごく「映画的な」例証だけからトリュフォーの人生と映画をさぐってみたのが本書です。

それに、トリュフォーは、『家庭』（一九七〇）のなかで、小説を書いているアントワーヌ・ドワネルに向かって別居中の妻のクリスチーヌ（クロード・ジャド）にこんなきびしいことを言わせています――「あなたの小説なんか読みたくない、親に見放された不幸な少年時代のことを売り物にした小説なんて。現実の人生が不幸だったからといって、その仕返しに小説を書くなんて、芸術とは違う。自我の問題はもううんざり」。

これはトリュフォーが、実際に、別れたマドレーヌ夫人に言われたことらしいのですが（!?）、それにしても強烈な自己批判、自己の生きかたを探求するモラリストとしてのきびしさが感じられる批評です。晩年のトリュフォーは、映画がつくれなくなったら著述家として残りの人生をすごすつもりだったようですが、たぶんそんな、いつまでも青春にこだわりつづける小説だけは書かなかったのではないかと思います（すでに映画のなかで書いてしまっていたわけですから）。

トリュフォーの映画を、不幸な少年時代や母親の愛の欠如や、その償いを求めての女性関係といった短絡的な観点から、私小説ふうに論じたりするようなことはなるべく避けて、できるだけ具体的に、ただ映像や言葉に表現されている、というよりも露呈しているものだけを垣間見ることにしました。フランソワ・トリュフォーの映画遍歴のほんの一部を、その「人生の映画たち」の記憶の断片を、トリュフォー自身の作品のなかにどんなふうに見出されるかを、見えるものだけなのでほんの氷山の一角にすぎないとしても、できるだけ映画を見ながら、その映画的記憶の刻印をさぐってみた次第です。

本書のもとになった池袋コミュニティ・カレッジの映画教室の企画者であった関川実氏と本書を刊行していただいた平凡社の編集部の日下部行洋氏に、本書制作にあたっては全面的に編集協力いただいた増原譲子さんに、今回の「増補新版」の装丁、レイアウトを担当していただいた中村香織さんに、心から御礼を申し上げます。そして、いつもながら、引用、文法、語法、その他諸百科に関する精細にして的確なご教示をいただいた学習院大学フランス語圏文化学科教授、中条省平氏には特別な感謝《スペシャル・サンクス》を。

（二〇二二年七月七日記）

ヤ

ラ

ハ

マ

サ

タ

ナ

索引＊人名

索引＊映画題名

『緑色の部屋』上映キャンペーンのため
来日中の、フランソワ・トリュフォー

山田宏一（やまだ・こういち）

映画評論家。1938年、ジャカルタ生まれ。東京外国語大学フランス語学科卒業。1964～67年、パリ在住。その間、「カイエ・デュ・シネマ」誌同人。著書に『［増補］友よ映画よ、わがヌーヴェル・ヴァーグ誌』、また、フランソワ・トリュフォーとの58年に及ぶ交流を中心にした著作には、『［増補］トリュフォー、ある映画的人生』、『フランソワ・トリュフォー映画読本』、『トリュフォーの手紙』、『トリュフォー最後のインタビュー』（蓮實重彦と共著）、そして本書『［増補新版］フランソワ・トリュフォーの映画誌』がある。

［増補新版］フランソワ・トリュフォーの映画誌

2022年8月10日　　初版第1刷発行

著者　山田宏一

発行者　下中美都
発行所　株式会社平凡社
〒101-0051　東京都千代田区神田神保町3-29
電話　03-3230-6585（編集）
03-3230-6573（営業）
ホームページ　https://www.heibonsha.co.jp/

装丁　中村香織
印刷・製本　中央精版印刷株式会社

ISBN 978-4-582-28267-2